Python para Niños

De cero a experto jugando con Python

"El genio no es más que una gran capacidad de paciencia."
— **Isaac Newton**

"No importa lo lento que avances, siempre y cuando no te detengas."
— **Confucio**

"Con gran poder viene una gran responsabilidad."
— **Tío Ben** (Spider-Man)

"No sueñes con el éxito. Trabaja para alcanzarlo."
— **Usain Bolt**

Autores: **Martin Alejandro Oviedo**
Con colaboración de: Daedalus

Editado por: Sello Independiente
Distribuido en: Amazon Kindle y Amazon Books
Primera Edición, 2024

Índice

1. Comenzando la Aventura

2. Tus Primeras Palabras en Python

- ¿Qué son las variables?
- Tipos de datos básicos: números, cadenas, booleanos y el tipo nulo.
- Juguemos con operadores matemáticos.

3. Decidiendo el Camino: Condicionales

- ¿Qué son los condicionales?
- La magia de `if`, `else` y `elif`.
- Juegos simples con decisiones.

4. Repetición Divertida: Bucles

- Introducción a los bucles `for` y `while`.
- Creando patrones y formas con código.
- ¡Cuidado con los bucles infinitos!

5. Las Colecciones Mágicas

- Listas: Tus cofres de tesoros.
- Diccionarios: Mapeando relaciones.
- Jugando con índices y claves.

6. Construyendo tus Herramientas: Funciones

- ¿Qué es una función?
- Creando y reutilizando funciones.
- Parámetros y retorno: El poder de las funciones personalizadas.

7. ¡Hagámos o Gráfico!: Turtle y Más

- Introducción a Turtle.
- Dibujando figuras y creando animaciones simples.
- Otros módulos gráficos básicos.

8. Historias y Juegos Interactivos

- Entrada de usuario: Cómo hablar con tu programa.
- Creando un cuento interactivo.
- Tu primer juego de texto.

9. Domina los Archivos

- Leer y escribir en archivos.
- Guardando puntuaciones de juegos.
- Creando una base de datos sencilla con Python.

10. Superpoderes: Módulos y Librerías

- ¿Qué son los módulos?
- Librerías esenciales: `math`, `random`, y más.
- Instalando y usando librerías externas con `pip`.

11. Introducción a la Programación Orientada a Objetos (POO)

- ¿Qué es la POO?
- Clases y objetos.
- Creando un personaje para un juego.

12. Juegos Gráficos con Pygame

- Introducción a Pygame.
- Tu primer juego gráfico: El clásico "pong".
- Mejorando tu juego con sonido y animaciones.

13. Explorando la Web con Python

- Conectando con Internet usando Python.
- Introducción a `requests`.
- Creando un mini servidor web con Flask.

14. Automatización Divertida

- Automatizando tareas con Python.
- Bots simples para redes sociales.
- Trabajando con Excel y archivos PDF.

15. Python Científico

- Introducción a `numpy` y `matplotlib`.
- Gráficos interactivos.
- Mini proyectos científicos.

16. Seguridad y Criptografía Básica

- Cifrado de mensajes.
- Creando tu propio "secreto" codificado.
- Introducción a la ciberseguridad.

17. Proyectos Especiales: Nivel Intermedio

- Calculadora gráfica interactiva.
- Juego de trivia con puntuación.
- Aplicación simple de notas.

18. Python Avanzado

- Expresiones regulares: Detectives de texto.
- Decoradores y funciones avanzadas.
- Generadores y manejo eficiente de datos.

19. Proyectos Finales: Nivel Experto

- Construyendo un juego completo con Pygame.
- Una mini aplicación web funcional con Flask.
- Un bot para redes sociales.

20. Tu Camino Continúa

- Consejos para aprender más.
- Comunidades de Python.
- Retos y proyectos sugeridos.

Prólogo

En un mundo donde la tecnología avanza a pasos agigantados, aprender a programar se ha convertido en una habilidad esencial. Pero ¿por qué debería ser algo complicado o reservado solo para expertos? **"Python para Niños"** nace con la misión de demostrar que la programación puede ser divertida, accesible y emocionante, incluso para aquellos que nunca han escrito una línea de código.

Este libro es más que una guía técnica; es una aventura diseñada para niños, adolescentes y cualquier persona que quiera adentrarse en el mundo de la programación sin miedo ni frustración. Desde pequeños programas hasta proyectos más desafiantes, exploraremos Python, un lenguaje tan sencillo como poderoso.

A lo largo de estas páginas, aprenderás que la programación no es solo una herramienta para construir aplicaciones o juegos, sino también una forma de pensar, resolver problemas y expresar tu creatividad. Y no te preocupes: cada capítulo está diseñado para ser tan claro y entretenido como una buena historia.

Quiero agradecer especialmente a todas las personas que me han inspirado en este viaje: a los jóvenes curiosos que hacen preguntas asombrosas, a los educadores que encuentran nuevas maneras de enseñar, y a Python, un lenguaje que realmente hace que aprender sea un placer.

Espero que este libro sea el inicio de una gran aventura para ti. Ya sea que quieras programar por diversión, como una carrera, o simplemente por curiosidad, recuerda que todo gran programador comenzó igual que tú: con una pequeña chispa de interés y la valentía de empezar.

¡Ahora es tu turno! Agarra tu computadora, abre este libro y prepárate para descubrir todo lo que puedes lograr con Python.

¡Bienvenido al mundo de la programación!

Martin Alejandro Oviedo
Primera edición, 2024

Introducción

¿Qué es Python y por qué aprenderlo?

Python es un lenguaje de programación que se ha ganado el corazón de millones de personas en todo el mundo. ¿Por qué? Porque es simple, divertido y poderoso. Imagina un lenguaje que puedes aprender en poco tiempo y que te permite crear desde juegos hasta aplicaciones web, ¡eso es Python!

Este lenguaje fue diseñado para que incluso los principiantes puedan entenderlo fácilmente, con una sintaxis clara que se parece al inglés. Pero no te dejes engañar por su simplicidad: Python también es la herramienta favorita de científicos, desarrolladores de software y empresas gigantes como Google, Netflix y NASA.

En este libro, aprenderás Python de una manera que no solo será fácil de entender, sino también emocionante. Descubrirás que programar no es solo para expertos, sino para cualquier persona con ganas de explorar, crear y divertirse.

¿Quién puede aprender Python? (Spoiler: ¡cualquiera!)

No importa si tienes 10 años o 100, si sabes mucho o nada sobre computadoras, Python es para ti. Este libro ha sido creado pensando en principiantes absolutos, especialmente niños y jóvenes curiosos que quieren dar sus primeros pasos en el mundo de la tecnología.

A lo largo del camino, también encontrarás desafíos para llevar tus habilidades al siguiente nivel, así que no importa si empiezas sin experiencia: pronto estarás escribiendo programas como un experto.

Recuerda: aprender Python no es solo aprender a programar; es aprender a pensar, a resolver problemas y a encontrar soluciones creativas.

¿Cómo usar este libro?

Este libro está diseñado para ser tu compañero de viaje en la aventura de aprender Python. Aquí tienes algunos consejos para sacarle el máximo provecho:

1. **Sigue el ritmo paso a paso**: Los capítulos están organizados para que cada concepto se construya sobre el anterior. No te apresures; disfruta el proceso.
2. **Experimenta y juega**: La mejor forma de aprender es practicando. No tengas miedo de modificar los ejemplos o crear tus propios programas.

3. **Acepta los errores como parte del aprendizaje**: Cometer errores es normal y, de hecho, es una de las mejores maneras de aprender. Cuando algo no funcione, no te frustres: investiga, prueba y ¡descubre la solución!

4. **Diviértete**: Este no es solo un libro para leer; es un libro para explorar, jugar y crear.

Así que ponte cómodo, enciende tu computadora y prepárate para descubrir lo que puedes lograr con Python. ¡El viaje comienza ahora!

Comenzando la Aventura

- ¿Qué necesitas para empezar?

Comenzando la Aventura

¿Qué necesitas para empezar?

¡Bienvenido a tu primera parada en este emocionante viaje por el mundo de Python! Antes de que podamos escribir nuestro primer programa, necesitamos asegurarnos de tener todo listo para la aventura. No te preocupes, no necesitas nada complicado, solo unas pocas herramientas esenciales y muchas ganas de aprender.

1. Una computadora
Cualquier computadora que tengas servirá para aprender Python. Puede ser una PC con Windows, una Mac o incluso una con Linux. Mientras puedas escribir y ejecutar programas, estarás listo para empezar.

2. Python instalado
Python es un programa que necesitas instalar para que tu computadora entienda lo que escribes en este lenguaje. Sigue estos pasos según tu sistema operativo:

- **Windows**:

    1. Ve al sitio oficial de Python: https://www.python.org.

    2. Descarga la última versión estable (elige la opción que dice "Download for Windows").

    3. Durante la instalación, asegúrate de marcar la casilla que dice "Add Python to PATH". Esto es muy importante.

4. Haz clic en "Install Now" y espera a que termine.

- **Mac**:

    1. Ve al mismo sitio web: https://www.python.org.

    2. Descarga la versión para macOS.

    3. Abre el archivo descargado y sigue las instrucciones para instalar Python.

- **Linux**:
    Muchas distribuciones de Linux ya tienen Python instalado. Para verificarlo, abre una terminal y escribe:

    ```
    python3 --version
    ```

    Si ves un número como `Python 3.x.x`, ¡ya estás listo! Si no, puedes instalarlo con un comando como:

    ```
    sudo apt-get install python3
    ```

3. Un editor de texto o IDE

Para escribir tus programas en Python, necesitas un lugar donde escribir. Estas son algunas opciones:

- **Editor de texto simple**: Puedes usar el Bloc de Notas (en Windows) o TextEdit (en Mac). Sin embargo, para facilitar las cosas, te recomendamos algo más especializado.

- **Thonny**: Es un editor de Python sencillo y perfecto para principiantes. Puedes descargarlo desde https://thonny.org.

- **VS Code**: Un editor avanzado que puedes usar más adelante. Descárgalo en https://code.visualstudio.com.

4. ¡Actitud positiva y curiosidad!

Más que cualquier herramienta, lo más importante es tu entusiasmo por aprender. No te preocupes si algo parece complicado al principio; con paciencia y práctica, lo entenderás. Este libro está diseñado para guiarte paso a paso, así que confía en el proceso.

¿Listo para empezar?

Ahora que tienes todo lo que necesitas, ¡es hora de dar el primer paso en nuestra aventura! En el próximo capítulo, escribirás tu primer programa en Python y te sentirás como un verdadero programador.

Recuerda, este es solo el comienzo de un viaje increíble. ¡Manos a la obra!

Instalando Python en tu computadora

¡Ya casi estamos listos para empezar a programar! Pero antes, necesitamos instalar Python en tu computadora. No te preocupes, es un proceso sencillo que te explicaré paso a paso según el sistema operativo que uses.

Paso 1: Descarga Python

Primero, necesitamos obtener Python desde su sitio oficial:

1. Abre tu navegador de internet.

2. Ve a https://www.python.org.

3. Haz clic en el botón amarillo que dice **"Download Python"**. El sitio detectará automáticamente la versión adecuada para tu sistema operativo.

Paso 2: Instala Python según tu sistema operativo

Para Windows

1. Abre el archivo que descargaste (probablemente esté en tu carpeta de Descargas).

2. En la primera pantalla de instalación, busca una casilla que dice **"Add Python to PATH"**. **¡Asegúrate de marcarla!** Esto hará que sea más fácil usar Python desde cualquier lugar en tu computadora.

3. Haz clic en **"Install Now"**.

4. Espera a que termine la instalación. Cuando veas el mensaje **"Setup was successful"**, ¡felicidades! Python ya está instalado.

Para macOS

1. Abre el archivo `.pkg` que descargaste.
2. Sigue las instrucciones del instalador y haz clic en "Continuar" cuando sea necesario.
3. Una vez que termine, Python estará instalado en tu computadora.

Para Linux

1. En muchas distribuciones de Linux, Python ya viene instalado. Para verificarlo, abre una terminal y escribe:

```
python3 --version
```

Si ves un número como

```
Python 3.x.x
```

, significa que ya tienes Python.

2. Si no está instalado, puedes usar este comando en la terminal para instalarlo:

```
sudo apt-get install python3
```

Paso 3: Verifica la instalación

Después de instalar Python, asegúrate de que todo funcione correctamente:

1. Abre la

   línea de comandos

   en tu computadora:

   - En Windows, presiona `win + R`, escribe **cmd** y presiona Enter.
   - En macOS o Linux, abre la aplicación **Terminal**.

2. Escribe este comando y presiona Enter:

```
python --version
```

o

```
python3 --version
```

Si todo está bien, verás algo como:

```
Python 3.x.x
```

Paso 4: Instala un editor de texto (opcional)

Aunque Python incluye una herramienta llamada **IDLE**, también puedes instalar un editor de texto más cómodo como:

- **Thonny**: Ideal para principiantes. Descárgalo en https://thonny.org.
- **VS Code**: Más avanzado, pero excelente para proyectos grandes. Descárgalo en https://code.visualstudio.com.

¡Todo listo!

Ahora tienes Python instalado y estás preparado para comenzar tu viaje como programador. En el próximo capítulo, escribirás tu primer programa: ¡"Hola, Mundo!"

Recuerda: la instalación es solo el primer paso. Lo mejor está por venir. ●

Tu primer programa: "¡Hola, Mundo!"

¡Es hora de escribir tu primer programa en Python! "¡Hola, Mundo!" es una tradición en la programación: es el primer programa que escriben todos los que empiezan a aprender. Es sencillo, pero también emocionante porque marca el inicio de tu aventura como programador.

Paso 1: Abre tu editor de Python

Puedes usar cualquier editor que tengas instalado. Aquí hay algunas opciones comunes:

- **IDLE**: Incluido con Python. Si usaste la instalación predeterminada, ya lo tienes.
- **Thonny**: Fácil de usar y perfecto para principiantes.
- **VS Code**: Más avanzado, ideal si te sientes curioso por explorar.

Paso 2: Escribe el código

En tu editor, escribe esta línea de código:

```
print("¡Hola, Mundo!")
```

¿Qué significa?

- `print` es una función que le dice a Python que muestre algo en la pantalla.
- Las comillas `"` encierran el texto que queremos mostrar, en este caso, "¡Hola, Mundo!".

Paso 3: Guarda el archivo

Guarda tu programa para que puedas ejecutarlo. Sigue estos pasos:

1. Haz clic en **Archivo** y luego en **Guardar como**.
2. Elige una ubicación fácil de recordar, como tu Escritorio.
3. Dale un nombre a tu archivo, por ejemplo, `hola_mundo.py`. **Asegúrate de que termine con** `.py`, que es la extensión de los archivos de Python.

Paso 4: Ejecuta tu programa

Ahora es momento de ver el resultado. La forma de ejecutar el programa depende del editor que estés usando:

En IDLE o Thonny

1. Haz clic en **Run** o **Ejecutar** en el menú.
2. Selecciona **Run Module**.
3. Verás el mensaje `¡Hola, Mundo!` en la pantalla. ¡Felicidades!

En la línea de comandos

1. Abre la terminal o el símbolo del sistema.
2. Navega a la carpeta donde guardaste tu archivo. Por ejemplo:

```
cd Escritorio
```

3. Escribe el siguiente comando y presiona Enter:

```
python hola_mundo.py
```

o

```
python3 hola_mundo.py
```

Verás en pantalla:

```
¡Hola, Mundo!
```

¡Felicidades!

Acabas de escribir y ejecutar tu primer programa en Python. Esto puede parecer simple, pero es el primer paso hacia cosas increíbles.

En los próximos capítulos, aprenderás a hacer mucho más, desde juegos interactivos hasta programas que pueden ayudarte en tu día a día.

¿Listo para continuar? ¡El mundo de Python te espera! ●

Tus Primeras Palabras en Python

¿Qué son las variables?

Imagina que tu mente es una gran caja llena de cajones donde puedes guardar cosas: números, palabras, listas de objetos, ¡lo que sea! En Python, esos cajones se llaman **variables**, y son esenciales para cualquier programa que quieras crear.

Una **variable** es como una etiqueta que pones en uno de esos cajones para recordar qué hay dentro. Por ejemplo, puedes tener un cajón llamado "edad" donde guardas tu edad, o un cajón llamado "nombre" donde guardas tu nombre.

Cómo funcionan las variables en Python

1. **Darles un nombre**: El nombre de la variable debe ser descriptivo, para que sea fácil recordar qué contiene.

2. **Asignarles un valor**: Usamos el símbolo = para asignar un valor a una variable.

3. **Usarlas en tu programa**: Una vez que has creado una variable, puedes usarla tantas veces como quieras.

Aquí tienes un ejemplo simple:

```python
nombre = "Ana"
edad = 12
print("Hola, mi nombre es", nombre, "y tengo", edad, "años.")
```

¿Qué hace este programa?

- La variable `nombre` guarda el texto `"Ana"`.
- La variable `edad` guarda el número `12`.
- La función

    ```python
    print
    ```

    combina estas variables con texto para mostrar:

    ```
    Hola, mi nombre es Ana y tengo 12 años.
    ```

Reglas para nombrar variables

Aunque puedes elegir casi cualquier nombre para tus variables, hay algunas reglas que debes seguir:

1. **No pueden contener espacios**. Usa guiones bajos `_` si necesitas separar palabras. Por ejemplo: `mi_nombre`.

2. **No pueden empezar con un número**. Por ejemplo, `1variable` no es válido, pero `variable1` sí lo es.

3. **No uses palabras reservadas de Python**, como `print`, `if`, o `for`.

Tipos de datos comunes en variables

Python permite guardar diferentes tipos de datos en las variables. Aquí tienes los más comunes:

1. **Números**:

```
edad = 10
altura = 1.5
```

2. **Cadenas de texto (strings):**

```
saludo = "¡Hola!"
```

3. **Booleanos (verdadero o falso):**

```
es_mayor = False
```

4. **Listas (colecciones de datos):**

```
colores = ["rojo", "azul", "verde"]
```

Experimenta con variables

Prueba este ejemplo en Python:

```
nombre = "Juan"
edad = 8
color_favorito = "azul"

print("Hola, soy", nombre)
print("Tengo", edad, "años")
print("Mi color favorito es", color_favorito)
```

Luego, cambia los valores de las variables y observa cómo cambia el resultado. Por ejemplo:

```
nombre = "Laura"
edad = 10
color_favorito = "amarillo"
```

¡Sigue practicando!

Las variables son como bloques de construcción en Python. A medida que avancemos, aprenderás a usarlas de maneras cada vez más emocionantes, como en juegos o historias interactivas.

¡Prueba diferentes ideas y diviértete creando con Python! ●

¿Qué son las variables? (Actualizado con tipo nulo)

Una variable es como una caja mágica donde puedes guardar información para usarla más tarde. Puede contener números, palabras, listas e incluso algo que indica que la caja está vacía. En Python, este último caso se llama **nulo** y se representa con la palabra clave None .

Por ejemplo:

```
caja = None   # Esta variable está vacía por ahora
print(caja)   # Mostrará: None
```

¿Por qué usaríamos None ? A veces, queremos crear una variable pero no sabemos aún qué valor tendrá. Usar None es como decir: "Voy a usar esta caja más tarde, pero por ahora está vacía".

Tipos de datos básicos: números, cadenas y booleanos

Ahora que sabes qué son las variables, vamos a hablar de los **tipos de datos** que puedes guardar en ellas. Python nos ofrece varios tipos básicos para empezar a jugar:

1. Números

Los números son uno de los tipos de datos más comunes. Pueden ser:

- **Enteros (int)**: Números sin decimales, como 10 , -5 o 42 .
- **Flotantes (float)**: Números con decimales, como 3.14 , -0.5 o 100.0 .

Ejemplo:

```
edad = 12       # Entero
altura = 1.50   # Flotante
print("Tengo", edad, "años y mido", altura, "metros.")
```

2. Cadenas de texto (strings)

Las cadenas son texto, como palabras o frases. En Python, las cadenas se escriben entre comillas simples ' ' o dobles " ".

Ejemplo:

```python
nombre = "Sofía"
mensaje = '¡Bienvenido a Python!'
print("Hola, mi nombre es", nombre)
print(mensaje)
```

3. Booleanos

Los booleanos son valores que solo pueden ser **verdadero** o **falso**. En Python, estos valores se escriben como True o False. Son útiles para tomar decisiones en los programas.

Ejemplo:

```python
es_mayor = True
esta_lloviendo = False
print("¿Es mayor de edad?", es_mayor)
print("¿Está lloviendo?", esta_lloviendo)
```

4. Nulo (None)

Como mencionamos antes, el tipo None representa una variable que no tiene un valor definido. Piensa en ello como una caja vacía, lista para ser usada más adelante.

Ejemplo:

```python
variable_vacia = None
print("Esta variable no tiene valor:", variable_vacia)

# Más adelante le asignamos un valor
variable_vacia = "¡Ahora tengo algo!"
print("Ahora contiene:", variable_vacia)
```

Prueba estos tipos en tu editor

Crea un programa donde combines estos tipos de datos:

```python
nombre = "Carlos"
edad = 10
es_estudiante = True
nota = None

print("Nombre:", nombre)
print("Edad:", edad)
print("¿Es estudiante?", es_estudiante)
print("Nota aún no asignada:", nota)

# Asignemos un valor a 'nota'
nota = 9.5
print("Nota asignada:", nota)
```

¿Por qué es importante conocer los tipos de datos?

Cada tipo de dato tiene habilidades especiales que aprenderemos a usar más adelante. Por ejemplo, puedes sumar números, repetir cadenas de texto y usar booleanos para tomar decisiones.

En el próximo capítulo, aprenderemos cómo trabajar con estos tipos para crear programas dinámicos y útiles. ¡Manos a la obra! ⚫

Juguemos con operadores matemáticos

Ahora que sabemos trabajar con números en Python, ¡es hora de hacer un poco de matemáticas! Python tiene operadores matemáticos que nos permiten realizar cálculos como sumar, restar, multiplicar y más. Vamos a explorar cada uno de ellos de una forma divertida y práctica.

Operadores básicos

1. **Suma (+)**
   La suma combina dos números:

```
resultado = 5 + 3
print("5 + 3 =", resultado)   # Mostrará: 5 + 3 = 8
```

2. Resta (-)

La resta encuentra la diferencia entre dos números:

```
resultado = 10 - 4
print("10 - 4 =", resultado)   # Mostrará: 10 - 4 = 6
```

3. Multiplicación (*)

La multiplicación encuentra el producto de dos números:

```
resultado = 7 * 6
print("7 * 6 =", resultado)   # Mostrará: 7 * 6 = 42
```

4. División (/)

La división encuentra el cociente entre dos números:

```
resultado = 15 / 3
print("15 / 3 =", resultado)   # Mostrará: 15 / 3 = 5.0
```

Operadores avanzados

1. División entera (//)

Este operador devuelve solo la parte entera del resultado:

```
resultado = 10 // 3
print("10 // 3 =", resultado)   # Mostrará: 10 // 3 = 3
```

2. Módulo o residuo (%)

Encuentra el residuo de una división:

```
resultado = 10 % 3
print("10 % 3 =", resultado)   # Mostrará: 10 % 3 = 1
```

3. Potencia (**)

Eleva un número a la potencia de otro:

```
resultado = 2 ** 3
print("2 ** 3 =", resultado)   # Mostrará: 2 ** 3 = 8
```

Operadores con variables

Podemos usar variables en lugar de números:

```
a = 10
b = 4

suma = a + b
resta = a - b
producto = a * b
division = a / b

print("Suma:", suma)
print("Resta:", resta)
print("Multiplicación:", producto)
print("División:", division)

¡Prueba tus propios patrones y formas, y diviértete creando con
Python! ●

Llamamos a la función y usamos su resultado:

```python
resultado = sumar(3, 5)
print("La suma es:", resultado)  # Mostrará: La suma es: 8
```

1. Tkinter: Interfaces gráficas (GUI)

Tkinter es un módulo integrado en Python que te permite crear ventanas, botones, cuadros de texto y otros elementos de interfaz gráfica.
```

Ejemplo básico: Ventana con un botón

```python
import tkinter as tk

# Crear la ventana principal
ventana = tk.Tk()
ventana.title("Mi primera ventana")

# Crear un botón
boton = tk.Button(ventana, text="¡Haz clic aquí!", command=lambda:
print("Botón presionado"))
boton.pack()

# Mostrar la ventana
ventana.mainloop()
```

Ejemplo: Entrada de texto

```python
import tkinter as tk

def mostrar_texto():
    texto = entrada.get()  # Obtener el texto ingresado
    print("Texto ingresado:", texto)

# Crear la ventana principal
ventana = tk.Tk()
ventana.title("Entrada de texto")

# Crear un cuadro de entrada
entrada = tk.Entry(ventana)
entrada.pack()

# Crear un botón
boton = tk.Button(ventana, text="Enviar", command=mostrar_texto)
boton.pack()

# Mostrar la ventana
ventana.mainloop()
```

2. Pygame: Desarrollo de juegos

Pygame es un módulo diseñado para crear juegos 2D. Te permite trabajar con gráficos, sonido y controles de manera interactiva.

Instalación:

Primero, instala Pygame usando:

```
pip install pygame
```

Ejemplo básico: Una ventana con fondo de color

```python
import pygame

# Inicializar Pygame
pygame.init()

# Configuración de la ventana
ancho, alto = 800, 600
ventana = pygame.display.set_mode((ancho, alto))
pygame.display.set_caption("Mi primera ventana con Pygame")

# Loop principal
ejecutando = True
while ejecutando:
    for evento in pygame.event.get():
        if evento.type == pygame.QUIT:  # Cerrar ventana
            ejecutando = False

    ventana.fill((0, 128, 255))  # Cambiar color de fondo (azul)
    pygame.display.flip()        # Actualizar la pantalla

pygame.quit()
```

Ejemplo: Dibujar un círculo que sigue al ratón

```python
import pygame

# Inicializar Pygame
pygame.init()

# Configuración de la ventana
ventana = pygame.display.set_mode((800, 600))
```

```python
pygame.display.set_caption("Círculo siguiendo al ratón")

# Loop principal
ejecutando = True
while ejecutando:
    for evento in pygame.event.get():
        if evento.type == pygame.QUIT:
            ejecutando = False

    # Obtener posición del ratón
    x, y = pygame.mouse.get_pos()

    # Dibujar el círculo
    ventana.fill((255, 255, 255))  # Fondo blanco
    pygame.draw.circle(ventana, (255, 0, 0), (x, y), 20)  # Círculo
rojo

    pygame.display.flip()

pygame.quit()
```

3. Matplotlib: Visualizaciones gráficas

Matplotlib es una biblioteca que permite crear gráficos estadísticos, como líneas, barras y dispersión.

Instalación:

Primero, instala Matplotlib usando:

```
pip install matplotlib
```

Ejemplo básico: Gráfico de línea

```python
import matplotlib.pyplot as plt

# Datos
x = [1, 2, 3, 4, 5]
y = [2, 3, 5, 7, 11]

# Crear el gráfico
plt.plot(x, y, marker="o")
plt.title("Gráfico de Línea")
plt.xlabel("Eje X")
```

```python
plt.ylabel("Eje Y")

# Mostrar el gráfico
plt.show()
```

Ejemplo: Gráfico de barras

```python
import matplotlib.pyplot as plt

# Datos
nombres = ["A", "B", "C", "D"]
valores = [4, 7, 1, 8]

# Crear el gráfico
plt.bar(nombres, valores, color="purple")
plt.title("Gráfico de Barras")
plt.xlabel("Categorías")
plt.ylabel("Valores")

# Mostrar el gráfico
plt.show()
```

4. PIL/Pillow: Manipulación de imágenes

Pillow es una biblioteca para trabajar con imágenes, como abrir, modificar y guardar en diferentes formatos.

Instalación:

Primero, instala Pillow usando:

```
pip install pillow
```

Ejemplo: Abrir y mostrar una imagen

```python
from PIL import Image

# Abrir una imagen
imagen = Image.open("ruta_a_tu_imagen.jpg")

# Mostrar la imagen
imagen.show()
```

Ejemplo: Cambiar tamaño y guardar

```python
from PIL import Image

# Abrir una imagen
imagen = Image.open("ruta_a_tu_imagen.jpg")

# Cambiar tamaño
imagen_redimensionada = imagen.resize((200, 200))

# Guardar la nueva imagen
imagen_redimensionada.save("nueva_imagen.jpg")
```

Conclusión

Cada uno de estos módulos gráficos te ofrece herramientas únicas para trabajar con gráficos e interfaces. Con **Tkinter**, puedes crear GUIs simples; con **Pygame**, desarrollar juegos; con **Matplotlib**, generar gráficos; y con **Pillow**, manipular imágenes.

Prueba estos ejemplos y elige el módulo que más se adapte a tus proyectos. ¡Las posibilidades son infinitas! ●

Historias y Juegos Interactivos

Entrada de usuario: Cómo hablar con tu programa

La **entrada de usuario** es una forma de hacer que tus programas sean interactivos. Permite que los usuarios ingresen información para personalizar las respuestas de tu programa, como nombres, elecciones o números. En Python, usamos la función `input()` para recibir datos desde el teclado.

Usando `input()` para entrada de texto

La función `input()` muestra un mensaje al usuario y espera a que escriba algo. Lo que el usuario escribe se guarda como una **cadena de texto** (string).

Ejemplo básico:

```python
nombre = input("¿Cómo te llamas? ")
print(f"¡Hola, {nombre}! Bienvenido a Python.")
```

Resultado (ejemplo):

```
¿Cómo te llamas? Ana
¡Hola, Ana! Bienvenido a Python.
```

Convirtiendo la entrada a números

Si necesitas trabajar con números, convierte la entrada usando `int()` para enteros o `float()` para decimales.

Ejemplo:

```python
edad = int(input("¿Cuántos años tienes? "))
print(f"En 5 años tendrás {edad + 5} años.")
```

Resultado (ejemplo):

```
¿Cuántos años tienes? 10
En 5 años tendrás 15 años.
```

Combinando entrada de usuario y decisiones

Puedes usar la entrada del usuario junto con condicionales para crear programas interactivos.

Ejemplo: Adivina el número secreto

```python
numero_secreto = 7
intento = int(input("Adivina el número secreto (entre 1 y 10): "))

if intento == numero_secreto:
    print("¡Correcto! Adivinaste el número.")
else:
    print(f"No es correcto. El número secreto era {numero_secreto}.")
```

Creando historias interactivas

Las historias interactivas permiten que el usuario elija qué ocurre en la historia.

Ejemplo: Una aventura en el bosque

```python
print("Estás caminando por un bosque encantado.")
print("De repente, ves dos caminos: uno a la izquierda y otro a la
derecha.")

# Entrada del usuario
eleccion = input("¿Qué camino eliges? (izquierda/derecha): ").lower()

if eleccion == "izquierda":
    print("Te encuentras con un hada que te concede un deseo. ¡Qué
suerte!")
elif eleccion == "derecha":
    print("Un lobo feroz aparece y tienes que correr por tu vida.")
else:
    print("Te quedaste pensando demasiado tiempo y el bosque
desapareció.")
```

Resultado (ejemplo):

```
¿Qué camino eliges? izquierda
Te encuentras con un hada que te concede un deseo. ¡Qué suerte!
```

Juego interactivo: Creando un menú

Los menús interactivos son una forma fácil de crear programas donde los usuarios puedan elegir entre varias opciones.

Ejemplo: Menú de opciones

```python
print("Bienvenido a la máquina de deseos.")
print("1. Deseo de riqueza")
print("2. Deseo de amor")
print("3. Deseo de aventuras")

opcion = input("Elige una opción (1, 2, 3): ")

if opcion == "1":
    print("¡Has recibido un cofre lleno de oro!")
```

```
elif opcion == "2":
    print("Cupido ha flechado tu corazón. ¡Qué romántico!")
elif opcion == "3":
    print("Te embarcas en un viaje lleno de emociones.")
else:
    print("Opción no válida. La máquina se apaga.")
```

Resultado (ejemplo):

```
Elige una opción (1, 2, 3): 2
Cupido ha flechado tu corazón. ¡Qué romántico!
```

Consejos para mejorar la interacción

1. **Valida la entrada del usuario:**
   Asegúrate de que el usuario ingrese algo válido.

   ```
   opcion = input("Elige una opción (sí/no): ").lower()
   while opcion not in ["sí", "no"]:
       opcion = input("Por favor, elige 'sí' o 'no': ").lower()
   print(f"Elegiste: {opcion}")
   ```

2. **Ofrece retroalimentación personalizada:**
   Usa las respuestas del usuario para generar mensajes únicos.

   ```
   nombre = input("¿Cómo te llamas? ")
   color = input("¿Cuál es tu color favorito? ")
   print(f"{nombre}, tu color favorito es {color}. ¡Qué combinación
   tan genial!")
   ```

3. **Hazlo divertido y creativo:**
   Crea juegos, cuestionarios o historias que respondan de manera impredecible
   a las decisiones del usuario.

Conclusión

La entrada de usuario convierte tus programas en experiencias interactivas y
personalizadas. Con `input()`, puedes hacer juegos, historias y herramientas que
respondan a las decisiones de los usuarios.

¡Prueba estas ideas y crea tu propio mundo interactivo con Python! ⚫

Creando un cuento interactivo

Un cuento interactivo permite que el usuario tome decisiones que afectan la historia. Esto hace que el programa sea más divertido y envolvente. Vamos a construir un cuento donde el usuario elige qué hacer en diferentes situaciones.

Ejemplo: Un viaje al bosque mágico

Aquí tienes un ejemplo de un cuento interactivo:

```python
# Introducción
print("¡Bienvenido al bosque mágico!")
print("Hoy comienzas una aventura llena de misterios y decisiones.")
print("Elige sabiamente, ya que tus decisiones cambiarán tu
destino.\n")

# Primera elección
print("Llegas a una bifurcación en el camino.")
print("A la izquierda ves un sendero lleno de flores. A la derecha,
un camino oscuro y misterioso.")
eleccion1 = input("¿Cuál eliges? (izquierda/derecha): ").lower()

if eleccion1 == "izquierda":
    print("\nTe adentras en el sendero lleno de flores.")
    print("De repente, te encuentras con un hada mágica.")
    print("El hada te ofrece un deseo.")

    # Segunda elección
    deseo = input("¿Qué deseas? (riqueza/sabiduría/poder): ").lower()
    if deseo == "riqueza":
        print("\nEl hada te da un cofre lleno de oro y joyas. ¡Eres
rico!")
    elif deseo == "sabiduría":
        print("\nEl hada te toca la frente y, de repente, conoces
todos los secretos del universo.")
    elif deseo == "poder":
        print("\nEl hada te concede la fuerza de mil hombres. Ahora
puedes conquistar el mundo.")
    else:
        print("\nEl hada no entiende tu deseo y desaparece.")

elif eleccion1 == "derecha":
```

```python
    print("\nTe adentras en el camino oscuro.")
    print("Escuchas un ruido extraño y de repente, un dragón aparece
frente a ti.")

    # Segunda elección
    accion = input("¿Qué haces? (correr/luchar): ").lower()
    if accion == "correr":
        print("\nCorres tan rápido como puedes y logras escapar.
¡Estás a salvo!")
    elif accion == "luchar":
        print("\nTomas un palo cercano y te enfrentas al dragón.")
        print("Después de una dura batalla, el dragón te respeta y se
convierte en tu amigo.")
    else:
        print("\nTe quedas paralizado y el dragón decide que no eres
una amenaza. Te deja ir.")

else:
    print("\nTe quedas en el lugar y el bosque comienza a
desaparecer.")
    print("Tu aventura termina antes de empezar.")
```

¿Qué está pasando aquí?

1. **Elección inicial:**
   El usuario decide entre dos caminos (`izquierda` o `derecha`), lo que afecta cómo se desarrolla la historia.

2. **Segunda decisión:**
   Cada camino lleva a otra decisión, que tiene diferentes resultados según lo que el usuario elija.

3. **Estructura del programa:**
   Usamos condicionales `if`, `elif`, y `else` para ramificar la historia y responder a las elecciones del usuario.

Mejoras posibles

1. Agregar variables para personalizar la historia:

```python
nombre = input("¿Cómo te llamas? ")
print(f"Hola, {nombre}. ¡Prepárate para una gran aventura!")
```

2. Crear un sistema de puntuación:

```python
puntos = 0

if eleccion1 == "izquierda":
    puntos += 10
elif eleccion1 == "derecha":
    puntos += 5

print(f"Tu puntuación final es: {puntos}")
```

3. Repetir el juego con un bucle:

```python
jugar = "sí"
while jugar == "sí":
    # Todo el cuento interactivo aquí
    jugar = input("\n¿Quieres jugar otra vez? (sí/no): ").lower()
print("¡Gracias por jugar!")
```

Conclusión

Crear un cuento interactivo en Python es una excelente manera de aprender a usar entrada de usuario, condicionales y bucles. Además, es divertido para el usuario y el programador.

¡Sigue expandiendo la historia con más decisiones, sorpresas y finales alternativos para hacerla aún más emocionante! ●

Tu primer juego de texto

Los juegos de texto son una forma divertida de aprender y practicar programación interactiva en Python. Se basan en texto y decisiones del jugador, lo que los hace simples de crear pero muy entretenidos.

Aquí tienes un ejemplo básico de un juego de texto:

Ejemplo: El Tesoro Perdido

```python
# Introducción al juego
print("¡Bienvenido a 'El Tesoro Perdido'!")
print("Eres un valiente aventurero en busca de un tesoro escondido en
una isla misteriosa.")
print("Debes tomar decisiones para sobrevivir y encontrar el tesoro.
¡Buena suerte!\n")

# Primera decisión
print("Llegas a la isla y ves dos caminos: uno hacia la playa y otro
hacia la jungla.")
camino = input("¿A dónde quieres ir? (playa/jungla): ").lower()

if camino == "playa":
    print("\nCaminas hacia la playa y encuentras un viejo bote.")
    print("El bote parece funcional, pero también hay huellas que
llevan a una cueva cercana.")

    # Segunda decisión
    decision1 = input("¿Usas el bote o sigues las huellas?
(bote/huellas): ").lower()
    if decision1 == "bote":
        print("\nRemas hacia el mar y encuentras una isla pequeña.")
        print("En la isla, descubres un cofre lleno de oro. ¡Has
encontrado el tesoro!")
    elif decision1 == "huellas":
        print("\nSigues las huellas hasta la cueva.")
        print("Dentro de la cueva, encuentras al guardián del tesoro:
un tigre.")
        print("El tigre te persigue, y apenas logras escapar con
vida.")
    else:
        print("\nTe quedas dudando demasiado tiempo, y la marea se
lleva el bote. Tu aventura termina.")

elif camino == "jungla":
    print("\nTe adentras en la jungla y encuentras un árbol con una
cuerda.")
    print("La cuerda parece ser parte de una trampa, pero también
podrías usarla para escalar una colina cercana.")

    # Segunda decisión
    decision2 = input("¿Qué haces? (trampa/escalar): ").lower()
```

```
    if decision2 == "trampa":
        print("\nTiras de la cuerda, y una red te atrapa. ¡Es una
trampa!")
        print("Logras liberarte, pero decides regresar al campamento
sin el tesoro.")
    elif decision2 == "escalar":
        print("\nEscalas la colina y desde la cima ves una cascada.")
        print("Bajo la cascada, encuentras un cofre escondido. ¡Has
encontrado el tesoro!")
    else:
        print("\nTe quedas indeciso, y la jungla se oscurece. No
encuentras el tesoro.")

else:
    print("\nNo eliges ningún camino y decides quedarte en la
playa.")
    print("Después de unos días, un barco te rescata, pero nunca
encuentras el tesoro.")
```

¿Qué hace este juego?

1. **Introducción:**
   Explica el objetivo del juego al jugador.

2. **Decisiones interactivas:**

   - El jugador elige entre varias opciones usando `input()`.
   - Las decisiones afectan lo que sucede en la historia.

3. **Finales múltiples:**
   Cada decisión lleva a diferentes resultados, lo que anima al jugador a volver a jugar para explorar otros caminos.

Mejoras para tu juego

1. **Agregar puntuación:**
   Asigna puntos según las decisiones del jugador.

```
puntos = 0
if camino == "playa":
    puntos += 10
print(f"Tu puntuación final es: {puntos}")
```

2. **Incluir inventario:**

Permite al jugador recoger objetos y usarlos más adelante.

```python
inventario = []
if decision1 == "bote":
    inventario.append("remos")
print("Inventario:", inventario)
```

3. **Añadir desafíos:**

Introduce acertijos o minijuegos.

```python
respuesta = input("¿Cuánto es 3 x 3? ")
if respuesta == "9":
    print("¡Correcto! Puedes continuar.")
else:
    print("Respuesta incorrecta. Pierdes tu turno.")
```

4. **Crear un bucle para volver a jugar:**

```python
jugar = "sí"
while jugar == "sí":
    # Código del juego aquí
    jugar = input("\n¿Quieres jugar de nuevo? (sí/no): ").lower()
print("¡Gracias por jugar!")
```

Conclusión

Este juego de texto simple combina decisiones, lógica y creatividad. Puedes expandirlo con elementos adicionales como puntuaciones, inventarios o desafíos para hacerlo más interesante.

¡Explora tus ideas y crea tu propio mundo interactivo con Python! ⬤

Domina los Archivos: Leer y escribir en archivos

Trabajar con archivos es una habilidad fundamental en Python. Puedes guardar datos en un archivo para usarlos más tarde o leer información desde un archivo para procesarla en tu programa. Python facilita estas tareas con funciones integradas.

Abrir archivos con open()

La función open() abre un archivo y permite realizar operaciones como leer o escribir.

Sintaxis básica:

```
archivo = open("nombre_del_archivo", "modo")
# Realizar operaciones con el archivo
archivo.close()
```

El **modo** define lo que se puede hacer con el archivo:

- "r" : Leer (modo predeterminado).

- "w" : Escribir (borra el contenido existente).

- "a" : Añadir contenido al final del archivo.

- "x" : Crear un archivo nuevo (genera error si el archivo ya existe).

Escribir en un archivo

Ejemplo: Crear y escribir en un archivo

```
# Abrir el archivo en modo escritura
archivo = open("datos.txt", "w")

# Escribir datos
archivo.write("Hola, este es mi primer archivo.\n")
archivo.write("Python hace esto muy fácil.\n")

# Cerrar el archivo
archivo.close()
```

Esto creará un archivo llamado datos.txt con el siguiente contenido:

```
Hola, este es mi primer archivo.
Python hace esto muy fácil.
```

Usando `with open()` para manejar archivos

La instrucción `with open()` cierra automáticamente el archivo al terminar.

```python
with open("datos.txt", "w") as archivo:
    archivo.write("¡Hola de nuevo!\n")
    archivo.write("Esto es más seguro y limpio.\n")
```

Leer un archivo

Ejemplo: Leer todo el contenido de un archivo

```python
# Abrir el archivo en modo lectura
with open("datos.txt", "r") as archivo:
    contenido = archivo.read()
    print(contenido)
```

Leer línea por línea

```python
with open("datos.txt", "r") as archivo:
    for linea in archivo:
        print(linea.strip())  # `.strip()` elimina espacios en blanco
y saltos de línea
```

Leer líneas como una lista

```python
with open("datos.txt", "r") as archivo:
    lineas = archivo.readlines()  # Devuelve una lista de líneas
    print(lineas)
```

Añadir contenido a un archivo existente

Ejemplo: Agregar texto al final de un archivo

```python
with open("datos.txt", "a") as archivo:
    archivo.write("¡Estoy agregando una nueva línea!\n")
```

Ejemplo práctico: Registro de usuarios

Vamos a crear un programa que permita guardar nombres de usuarios en un archivo y mostrarlos después.

```python
def guardar_usuario(nombre):
    with open("usuarios.txt", "a") as archivo:
        archivo.write(nombre + "\n")

def mostrar_usuarios():
    with open("usuarios.txt", "r") as archivo:
        print("Lista de usuarios:")
        for linea in archivo:
            print("-", linea.strip())

# Menú interactivo
while True:
    print("\n1. Agregar usuario")
    print("2. Mostrar usuarios")
    print("3. Salir")
    opcion = input("Elige una opción: ")

    if opcion == "1":
        nombre = input("Ingresa el nombre del usuario: ")
        guardar_usuario(nombre)
    elif opcion == "2":
        mostrar_usuarios()
    elif opcion == "3":
        print("¡Adiós!")
        break
    else:
        print("Opción no válida.")
```

Manejo de errores con archivos

Es importante manejar errores al trabajar con archivos para evitar que tu programa falle si ocurre un problema (como si el archivo no existe).

Ejemplo: Manejar un archivo inexistente

```python
try:
    with open("archivo_inexistente.txt", "r") as archivo:
        print(archivo.read())
except FileNotFoundError:
    print("El archivo no existe.")
```

Conclusión

Leer y escribir en archivos te permite guardar datos importantes y reutilizarlos en el futuro. Esto es especialmente útil para proyectos como registros de usuarios, almacenamiento de configuraciones o procesamiento de grandes cantidades de datos.

¡Experimenta con estos ejemplos y crea tus propios proyectos que interactúen con archivos! ●

Guardando puntuaciones de juegos

En un juego, guardar las puntuaciones permite registrar los logros de los jugadores y mostrar quién tiene el puntaje más alto. Python facilita esto mediante archivos de texto para almacenar y recuperar datos.

Ejemplo básico: Guardar y mostrar puntuaciones

Aquí tienes un ejemplo donde los puntajes se guardan en un archivo llamado puntuaciones.txt.

Código:

```python
def guardar_puntuacion(nombre, puntuacion):
    """Guarda el nombre y la puntuación en un archivo."""
    with open("puntuaciones.txt", "a") as archivo:
        archivo.write(f"{nombre},{puntuacion}\n")

def mostrar_puntuaciones():
    """Lee y muestra las puntuaciones guardadas."""
    try:
        with open("puntuaciones.txt", "r") as archivo:
            print("Puntuaciones guardadas:")
            for linea in archivo:
```

```python
            nombre, puntuacion = linea.strip().split(",")
                print(f"{nombre}: {puntuacion}")
    except FileNotFoundError:
        print("Aún no hay puntuaciones guardadas.")


# Ejemplo de uso
while True:
    print("\n1. Guardar puntuación")
    print("2. Mostrar puntuaciones")
    print("3. Salir")
    opcion = input("Elige una opción: ")

    if opcion == "1":
        nombre = input("Ingresa tu nombre: ")
        puntuacion = input("Ingresa tu puntuación: ")
        guardar_puntuacion(nombre, puntuacion)
    elif opcion == "2":
        mostrar_puntuaciones()
    elif opcion == "3":
        print("¡Gracias por jugar!")
        break
    else:
        print("Opción no válida.")
```

¿Qué hace este programa?

1. **Guardar puntuaciones:**

    o Usa la función `guardar_puntuacion()` para guardar el nombre y la puntuación en el archivo `puntuaciones.txt`.

    o Los datos se almacenan en formato `nombre,puntuacion`.

2. **Mostrar puntuaciones:**

    o Usa la función `mostrar_puntuaciones()` para leer el archivo y mostrar los datos en un formato amigable.

    o Si el archivo no existe, maneja el error con `FileNotFoundError`.

Ejemplo práctico: Mostrando las mejores puntuaciones

Puedes ordenar as puntuaciones y mostrar las mejores:

Código mejorado:

```python
def guardar_puntuacion(nombre, puntuacion):
    """Guarda el nombre y la puntuación en un archivo."""
    with open("puntuaciones.txt", "a") as archivo:
        archivo.write(f"{nombre},{puntuacion}\n")


def mostrar_mejores_puntuaciones():
    """Muestra las mejores puntuaciones ordenadas."""
    try:
        with open("puntuaciones.txt", "r") as archivo:
            puntuaciones = []
            for linea in archivo:
                nombre, puntuacion = linea.strip().split(",")
                puntuaciones.append((nombre, int(puntuacion)))

            # Ordenar por puntuación de mayor a menor
            puntuaciones.sort(key=lambda x: x[1], reverse=True)

            print("Mejores puntuaciones:")
            for nombre, puntuacion in puntuaciones[:5]:  # Muestra
las 5 mejores
                print(f"{nombre}: {puntuacion}")
    except FileNotFoundError:
        print("Aún no hay puntuaciones guardadas.")

# Ejemplo de uso
while True:
    print("\n1. Guardar puntuación")
    print("2. Mostrar mejores puntuaciones")
    print("3. Salir")
    opcion = input("Elige una opción: ")

    if opcion == "1":
        nombre = input("Ingresa tu nombre: ")
        puntuacion = int(input("Ingresa tu puntuación: "))
        guardar_puntuacion(nombre, puntuacion)
    elif opcion == "2":
        mostrar_mejores_puntuaciones()
    elif opcion == "3":
```

```
        print("¡Gracias por jugar!")
        break
    else:
        print("Opción no válida.")
```

Explicación de las mejoras:

1. **Ordenar puntuaciones:**
   Usamos una lista de tuplas `[(nombre, puntuacion)]` y la ordenamos por
   puntuación de mayor a menor usando `sort()` con `key=lambda x: x[1]`.

2. **Mostrar solo las mejores puntuaciones:**
   Mostramos las primeras 5 puntuaciones de la lista ordenada usando
   `puntuaciones[:5]`.

Ideas adicionales:

1. **Mostrar el puntaje más alto después de cada juego:**
   Usa la función `mostrar_mejores_puntuaciones()` después de guardar un
   nuevo puntaje.

2. **Borrar puntuaciones:**
   Agrega una opción para borrar las puntuaciones si el jugador quiere reiniciar el
   archivo.

```python
def borrar_puntuaciones():
    with open("puntuaciones.txt", "w") as archivo:
        archivo.write("")   # Sobrescribe el archivo con nada
    print("Todas las puntuaciones han sido eliminadas.")
```

3. **Registrar fechas:**
   Agrega la fecha en que se guardó la puntuación usando el módulo `datetime`.

```python
from datetime import datetime

def guardar_puntuacion(nombre, puntuacion):
    fecha = datetime.now().strftime("%Y-%m-%d %H:%M:%S")
    with open("puntuaciones.txt", "a") as archivo:
        archivo.write(f"{nombre},{puntuacion},{fecha}\n")
```

Conclusión

Guardar y mostrar puntuaciones hace que tus juegos sean más atractivos e interactivos. Con este conocimiento, puedes crear sistemas de clasificación y ofrecer recompensas a los jugadores que logren las mejores puntuaciones.

¡Prueba estos ejemplos y sigue mejorando tus juegos! ⚫

Creando una base de datos sencilla con Python

Python incluye bibliotecas que te permiten trabajar con bases de datos de manera eficiente. Una de las más comunes es **SQLite**, que es ligera y no requiere configuración adicional. Con **SQLite**, puedes almacenar, consultar y manipular datos estructurados como lo harías en bases de datos más grandes.

¿Qué es SQLite?

SQLite es una biblioteca de base de datos incorporada en Python que utiliza un archivo único para almacenar toda la información. Es ideal para aplicaciones pequeñas y medianas donde no necesitas configurar servidores de bases de datos complejos.

Primeros pasos: Conectar y crear una base de datos

Ejemplo básico: Crear una base de datos y una tabla

```python
import sqlite3

# Conectar o crear una base de datos
conexion = sqlite3.connect("mi_base_de_datos.db")

# Crear un cursor para ejecutar comandos SQL
cursor = conexion.cursor()

# Crear una tabla llamada 'usuarios'
cursor.execute("""
CREATE TABLE IF NOT EXISTS usuarios (
    id INTEGER PRIMARY KEY AUTOINCREMENT,
    nombre TEXT NOT NULL,
    edad INTEGER NOT NULL,
    correo TEXT
```

```
    )
    """)

    # Confirmar los cambios
    conexion.commit()

    # Cerrar la conexión
    conexion.close()
```

¿Qué hace este código?

1. **Conexión:** Crea un archivo de base de datos llamado `mi_base_de_datos.db`.
2. **Tabla:** Crea una tabla llamada `usuarios` con columnas para `id`, `nombre`, `edad` y `correo`.
3. **Commit:** Guarda los cambios en el archivo de base de datos.

Insertar datos en la base de datos

Para agregar datos a la tabla, usamos el comando SQL `INSERT INTO`.

Ejemplo: Agregar usuarios

```python
import sqlite3

# Conectar a la base de datos
conexion = sqlite3.connect("mi_base_de_datos.db")
cursor = conexion.cursor()

# Insertar datos
cursor.execute("""
INSERT INTO usuarios (nombre, edad, correo) VALUES (?, ?, ?)
""", ("Juan", 30, "juan@example.com"))

cursor.execute("""
INSERT INTO usuarios (nombre, edad, correo) VALUES (?, ?, ?)
""", ("Ana", 25, "ana@example.com"))

# Confirmar los cambios
conexion.commit()

# Cerrar la conexión
conexion.close()
```

Nota: Usar `?` para los valores evita **inyecciones SQL**, haciendo tu programa más seguro.

Leer datos de la base de datos

Puedes recuperar datos usando el comando SQL `SELECT`.

Ejemplo: Mostrar todos los usuarios

```python
import sqlite3

# Conectar a la base de datos
conexion = sqlite3.connect("mi_base_de_datos.db")
cursor = conexion.cursor()

# Consultar todos los datos
cursor.execute("SELECT * FROM usuarios")
usuarios = cursor.fetchall()  # Recuperar todos los registros

# Mostrar los datos
for usuario in usuarios:
    print(usuario)

# Cerrar la conexión
conexion.close()
```

¿Qué hace este código?

- Recupera todos los datos de la tabla `usuarios` y los imprime uno por uno.

Actualizar datos en la base de datos

Usamos el comando SQL `UPDATE` para modificar registros.

Ejemplo: Cambiar la edad de un usuario

```python
import sqlite3

# Conectar a la base de datos
conexion = sqlite3.connect("mi_base_de_datos.db")
cursor = conexion.cursor()

# Actualizar la edad del usuario 'Ana'
```

```python
cursor.execute("""
UPDATE usuarios
SET edad = ?
WHERE nombre = ?
""", (26, "Ana"))

# Confirmar los cambios
conexion.commit()

# Cerrar la conexión
conexion.close()
```

Eliminar datos de la base de datos

Usamos el comando SQL DELETE para eliminar registros.

Ejemplo: Eliminar un usuario por nombre

```python
import sqlite3

# Conectar a la base de datos
conexion = sqlite3.connect("mi_base_de_datos.db")
cursor = conexion.cursor()

# Eliminar al usuario 'Juan'
cursor.execute("""
DELETE FROM usuarios
WHERE nombre = ?
""", ("Juan",))

# Confirmar los cambios
conexion.commit()

# Cerrar la conexión
conexion.close()
```

Integrar una base de datos con una aplicación interactiva

Ejemplo: Gestión de usuarios con menú

```python
import sqlite3

def conectar():
    return sqlite3.connect("mi_base_de_datos.db")

def crear_tabla():
    conexion = conectar()
    cursor = conexion.cursor()
    cursor.execute("""
    CREATE TABLE IF NOT EXISTS usuarios (
        id INTEGER PRIMARY KEY AUTOINCREMENT,
        nombre TEXT NOT NULL,
        edad INTEGER NOT NULL,
        correo TEXT
    )
    """)
    conexion.commit()
    conexion.close()

def agregar_usuario(nombre, edad, correo):
    conexion = conectar()
    cursor = conexion.cursor()
    cursor.execute("INSERT INTO usuarios (nombre, edad, correo)
VALUES (?, ?, ?)", (nombre, edad, correo))
    conexion.commit()
    conexion.close()

def mostrar_usuarios():
    conexion = conectar()
    cursor = conexion.cursor()
    cursor.execute("SELECT * FROM usuarios")
    usuarios = cursor.fetchall()
    for usuario in usuarios:
        print(usuario)
    conexion.close()

# Crear la tabla al inicio
crear_tabla()

# Menú interactivo
```

```
while True:
    print("\n1. Agregar usuario")
    print("2. Mostrar usuarios")
    print("3. Salir")
    opcion = input("Elige una opción: ")

    if opcion == "1":
        nombre = input("Nombre: ")
        edad = int(input("Edad: "))
        correo = input("Correo: ")
        agregar_usuario(nombre, edad, correo)
    elif opcion == "2":
        mostrar_usuarios()
    elif opcion == "3":
        print("¡Adiós!")
        break
    else:
        print("Opción no válida.")
```

Conclusión

Crear una base de datos con Python usando SQLite es una forma poderosa y simple de manejar datos. Con las herramientas de conexión, consultas y gestión de tablas, puedes construir aplicaciones más completas y útiles.

¡Prueba estos ejemplos y lleva tus proyectos al siguiente nivel! ●

Superpoderes: Módulos y Librerías

¿Qué son los módulos?

Un **módulo** es un archivo que contiene código Python (funciones, clases o variables) que puedes reutilizar en otros programas. Los módulos te permiten organizar tu código y acceder a herramientas ya desarrolladas por ti o por la comunidad.

Piensa en un módulo como una caja de herramientas: puedes abrirla y usar las herramientas que necesitas sin tener que construirlas desde cero.

Tipos de módulos en Python

1. **Módulos integrados:**
   Incluidos en Python por defecto, como `math`, `os`, y `random`.

2. **Módulos externos:**
   Librerías creadas por otros desarrolladores que puedes instalar con `pip`, como `numpy` o `requests`.

3. **Módulos personalizados:**
   Archivos `.py` que tú mismo creas para organizar y reutilizar tu código.

Importando módulos

Usamos la palabra clave `import` para cargar un módulo en nuestro programa.

Ejemplo: Importar un módulo integrado

```python
import math

# Usar una función del módulo
print("La raíz cuadrada de 16 es:", math.sqrt(16))  # Muestra: 4.0
```

Maneras de importar módulos

1. **Importar todo el módulo:**

   ```python
   import math
   print(math.pi)  # Usar math.pi
   ```

2. **Importar solo una parte del módulo:**

   ```python
   from math import pi, sqrt
   print(pi)        # Usar directamente pi
   print(sqrt(25)) # Usar directamente sqrt
   ```

3. **Renombrar un módulo al importarlo:**

   ```python
   import math as m
   print(m.pi)  # Usar m.pi en lugar de math.pi
   ```

Explorando algunos módulos integrados

1. Módulo math : Operaciones matemáticas

```python
import math

print("El valor de pi es:", math.pi)
print("El coseno de 0 es:", math.cos(0))
print("5 elevado a la 3 es:", math.pow(5, 3))
```

2. Módulo random : Generar valores aleatorios

```python
import random

print("Un número aleatorio entre 1 y 10:", random.randint(1, 10))
print("Un valor aleatorio de una lista:", random.choice(["manzana",
"plátano", "cereza"]))
```

3. Módulo os : Trabajar con el sistema operativo

```python
import os

print("Directorio actual:", os.getcwd())
print("Archivos en este directorio:", os.listdir())
```

Instalando y usando módulos externos

Si un módulo no está incluido en Python, puedes instalarlo con pip, el administrador de paquetes de Python.

Ejemplo: Instalar y usar requests

```python
pip install requests
import requests

response = requests.get("https://api.github.com")
print("Código de estado:", response.status_code)
print("Contenido:", response.json())
```

Creando tus propios módulos

Puedes crear tus propios módulos guardando funciones y clases en un archivo `.py`.

Ejemplo:

Crea un archivo llamado `mimodulo.py`:

```python
def saludar(nombre):
    return f"Hola, {nombre}!"

def sumar(a, b):
    return a + b
```

Ahora, úsalo en tu programa principal:

```python
import mimodulo

print(mimodulo.saludar("Ana"))  # Hola, Ana!
print(mimodulo.sumar(5, 3))     # 8
```

Ventajas de usar módulos

1. **Reutilización:** Escribes el código una vez y lo usas en múltiples programas.
2. **Organización:** Divide proyectos grandes en partes más pequeñas y manejables.
3. **Acceso a herramientas avanzadas:** Usa módulos externos para funcionalidades complejas, como análisis de datos o creación de gráficos.

Conclusión

Los módulos son esenciales para construir programas robustos, organizados y escalables. Aprender a usar los módulos integrados, instalar librerías externas y crear tus propios módulos te dará superpoderes como programador.

¡Explora las posibilidades con módulos y lleva tus proyectos al siguiente nivel! ●

Librerías esenciales: `math`, `random`, y más

Python incluye muchas librerías que te facilitan resolver problemas comunes. Aquí exploraremos algunas de las más esenciales, como `math` para cálculos matemáticos, `random` para generar valores aleatorios, y otras que te serán útiles en tus proyectos.

1. Librería `math`: Operaciones matemáticas avanzadas

El módulo `math` contiene funciones matemáticas y constantes como `pi` y `e`.

Constantes importantes:

```python
import math

print("El valor de pi es:", math.pi)   # 3.141592653589793
print("El valor de e es:", math.e)     # 2.718281828459045
```

Funciones comunes:

Función	Descripción	Ejemplo
`math.sqrt(x)`	Raíz cuadrada	`math.sqrt(16)` → `4.0`
`math.pow(x, y)`	Potencia (x elevado a y)	`math.pow(2, 3)` → `8.0`
`math.sin(x)`	Seno de x (en radianes)	`math.sin(math.pi / 2)` → `1.0`
`math.cos(x)`	Coseno de x (en radianes)	`math.cos(0)` → `1.0`
`math.log(x)`	Logaritmo natural (base `e`)	`math.log(10)` → `2.3025`
`math.factorial(x)`	Factorial de x	`math.factorial(5)` → `120`

Ejemplo: Calcular hipotenusa con `math.hypot`

```
import math

cateto1 = 3
cateto2 = 4
hipotenusa = math.hypot(cateto1, cateto2)
print("La hipotenusa es:", hipotenusa)  # 5.0
```

2. Librería `random`: Generar valores aleatorios

El módulo `random` es ideal para juegos, simulaciones y experimentos.

Funciones comunes:

Función	Descripción	Ejemplo
`random.randint(a, b)`	Entero aleatorio entre a y b (ambos incluidos)	`random.randint(1, 10)` → 7
`random.random()`	Número decimal entre 0.0 y 1.0	`random.random()` → 0.8765
`random.choice(seq)`	Selecciona un elemento de una lista o secuencia	`random.choice([1, 2, 3])` → 2
`random.shuffle(seq)`	Mezcla aleatoriamente una lista	`random.shuffle(lista)`
`random.uniform(a, b)`	Número decimal entre a y b	`random.uniform(1.5, 3.5)` → 2.8

Ejemplo: Simulación de lanzamiento de dados

```
import random

dado1 = random.randint(1, 6)
dado2 = random.randint(1, 6)
print("Lanzaste los dados:", dado1, "y", dado2)
```

Ejemplo: Barajar un mazo de cartas

```python
import random

mazo = ["A♠", "K♠", "Q♠", "J♠", "10♠"]
random.shuffle(mazo)
print("Mazo barajado:", mazo)
```

3. Librería `os`: Trabajar con el sistema operativo

El módulo `os` permite interactuar con el sistema operativo, como manejar archivos y directorios.

Funciones comunes:

Función	Descripción	Ejemplo
os.getcwd()	Devuelve el directorio de trabajo actual	os.getcwd() → '/home/user'
os.listdir(path)	Lista archivos y carpetas en el directorio especificado	os.listdir('.') → ['archivo.txt']
os.mkdir(name)	Crea un nuevo directorio	os.mkdir('nueva_carpeta')
os.rename(old, new)	Renombra un archivo o carpeta	os.rename('viejo.txt', 'nuevo.txt')
os.remove(file)	Elimina un archivo	os.remove('archivo.txt')

Ejemplo: Crear y listar directorios

```python
import os

os.mkdir("mi_carpeta")  # Crea una carpeta
print("Contenido actual:", os.listdir("."))  # Lista archivos y
carpetas
```

4. Librería datetime: Manejo de fechas y horas

El módulo datetime te ayuda a trabajar con fechas y horas.

Funciones comunes:

Función	Descripción	Ejemplo
datetime.datetime.now()	Fecha y hora actuales	datetime.datetime.now()
datetime.date(year, month, day)	Crea una fecha específica	datetime.date(2023, 1, 1)
datetime.timedelta(days=, hours=)	Diferencia de tiempo	datetime.timedelta(days=5)
strftime(format)	Formatea fechas y horas	fecha.strftime('%Y-%m-%d')

Ejemplo: Mostrar fecha y hora actual

```
from datetime import datetime

ahora = datetime.now()
print("Fecha y hora actual:", ahora.strftime("%Y-%m-%d %H:%M:%S"))
```

5. Librería time: Temporizadores y pausas

El módulo time permite medir tiempos y pausar la ejecución del programa.

Funciones comunes:

Función	Descripción	Ejemplo
time.sleep(segundos)	Pausa la ejecución del programa	time.sleep(2)
time.time()	Devuelve el tiempo actual en segundos desde 1970	time.time() → 1625156.1

Ejemplo: Temporizador simple

```
import time

print("Iniciando temporizador...")
time.sleep(3)  # Pausa de 3 segundos
print("¡Tiempo completado!")
```

Conclusión

Estas librerías esenciales son fundamentales para desarrollar programas en Python que resuelvan problemas reales. `math` y `random` te ayudan con cálculos y simulaciones, mientras que `os`, `datetime`, y `time` manejan el sistema operativo y controlan el tiempo.

¡Explora estas herramientas y llévalas a tus proyectos para hacerlos más poderosos y versátiles! ●

Instalando y usando librerías externas con `pip`

`pip` es el administrador de paquetes de Python que te permite instalar, actualizar y administrar librerías externas de manera sencilla. Estas librerías amplían las capacidades de Python y te ahorran tiempo al proporcionar soluciones ya desarrolladas.

Verificar si `pip` está instalado

Para asegurarte de que `pip` está instalado, abre tu terminal o consola y escribe:

```
pip --version
```

Deberías ver algo como esto:

```
pip 23.0.1 from /usr/local/lib/python3.9/site-packages (python 3.9)
```

Si no tienes `pip` instalado, sigue <u>estas instrucciones</u> para instalarlo.

Instalar una librería con `pip`

La sintaxis para instalar una librería es:

```
pip install nombre_libreria
```

Ejemplo: Instalar la librería `requests`

```
pip install requests
```

Esto instalará la librería y sus dependencias. Una vez instalada, puedes usarla en tu programa:

```python
import requests

response = requests.get("https://api.github.com")
print("Código de estado:", response.status_code)
```

Actualizar una librería

Para actualizar una librería a su última versión:

```
pip install --upgrade nombre_libreria
```

Ejemplo:

```
pip install --upgrade requests
```

Desinstalar una librería

Si ya no necesitas una librería, puedes eliminarla:

```
pip uninstall nombre_libreria
```

Ejemplo:

```
pip uninstall requests
```

Buscar librerías disponibles

Para buscar librerías relacionadas con un tema, usa:

```
pip search palabra_clave
```

Nota: Este comando puede no estar habilitado en las versiones más recientes de
`pip`. Alternativamente, puedes buscar librerías en el Python Package Index (PyPI).

Requisitos de un proyecto: `requirements.txt`

Cuando trabajas en un proyecto, es útil mantener un archivo llamado
`requirements.txt` con las librerías que tu proyecto necesita. Esto facilita que otras
personas (o tú mismo) instalen las dependencias del proyecto.

Crear un archivo `requirements.txt`:

```
pip freeze > requirements.txt
```

Esto generará un archivo con las versiones exactas de las librerías instaladas.
Ejemplo:

```
requests==2.26.0
numpy==1.21.2
```

Instalar dependencias desde `requirements.txt`:

```
pip install -r requirements.txt
```

Ejemplo práctico: Usando una librería externa

Instalar `matplotlib` para gráficos

```
pip install matplotlib
```

Crear un gráfico simple:

```python
import matplotlib.pyplot as plt

# Datos
x = [1, 2, 3, 4]
y = [10, 20, 25, 30]

# Crear el gráfico
plt.plot(x, y, label="Crecimiento")
plt.xlabel("Tiempo")
plt.ylabel("Valor")
plt.title("Gráfico de ejemplo")
plt.legend()

# Mostrar el gráfico
plt.show()
```

Librerías populares para explorar

Librería	Uso principal	Comando de instalación
requests	Realizar solicitudes HTTP	`pip install requests`
numpy	Cálculos matemáticos y matrices	`pip install numpy`
pandas	Manipulación y análisis de datos	`pip install pandas`
matplotlib	Creación de gráficos	`pip install matplotlib`
flask	Desarrollo de aplicaciones web	`pip install flask`
beautifulsoup4	Scraping de páginas web	`pip install beautifulsoup4`

Librería	Uso principal	Comando de instalación
pygame	Desarrollo de videojuegos	`pip install pygame`
openpyxl	Trabajar con archivos Excel	`pip install openpyxl`

Solución de problemas comunes

1. `pip` **no está reconocido como un comando:**
   - Asegúrate de que Python está en tu variable de entorno `PATH`.
   - En sistemas Windows, prueba con `python -m pip install <librería>`.

2. **Permisos denegados al instalar:**
   - Usa `pip install nombre_libreria --user` para instalar en tu directorio de usuario.

3. **Versión específica de una librería:**
   - Instala una versión específica con:

     ```
     pip install nombre_libreria==versión
     ```

     Ejemplo:

     ```
     pip install numpy==1.19.5
     ```

Conclusión

Con `pip`, puedes acceder al vasto ecosistema de librerías de Python para potenciar tus proyectos. Aprende a instalar, actualizar y gestionar dependencias para mantener tus entornos organizados y funcionales.

¡Explora las librerías disponibles y lleva tus proyectos al siguiente nivel! ●

Introducción a la Programación Orientada a Objetos (POO)

¿Qué es la POO?

La **Programación Orientada a Objetos (POO)** es un paradigma de programación que organiza el código en torno a **objetos**. Un objeto es una representación de un "algo" del mundo real o conceptual que tiene **atributos** (características) y **métodos** (comportamientos).

Este enfoque ayuda a escribir código más modular, reutilizable y fácil de mantener.

Conceptos clave de la POO

1. **Clase:**
   Es un molde o plantilla que define cómo serán los objetos. Una clase describe los atributos y métodos que los objetos creados a partir de ella tendrán.

   - Ejemplo: Un "Coche" es una clase.

2. **Objeto:**
   Es una instancia de una clase, es decir, algo concreto creado a partir de una clase.

   - Ejemplo: Un coche específico ("Toyota Corolla") es un objeto.

3. **Atributos:**
   Son las características o propiedades del objeto.

   - Ejemplo: Un coche tiene atributos como `color`, `marca`, y `modelo`.

4. **Métodos:**
   Son las acciones o comportamientos que el objeto puede realizar.

   - Ejemplo: Un coche puede tener métodos como `acelerar()` o `frenar()`.

Ejemplo básico de clase y objeto en Python

Definiendo una clase:

```python
class Coche:
    def __init__(self, marca, modelo, color):
        # Atributos
        self.marca = marca
        self.modelo = modelo
        self.color = color
```

```
# Métodos
def arrancar(self):
    print(f"El {self.marca} {self.modelo} está arrancando.")

def detenerse(self):
    print(f"El {self.marca} {self.modelo} se ha detenido.")
```

Creando objetos (instancias):

```
# Crear un objeto de la clase Coche
mi_coche = Coche("Toyota", "Corolla", "rojo")

# Usar métodos y atributos
print("Marca:", mi_coche.marca)  # Toyota
print("Modelo:", mi_coche.modelo)  # Corolla
mi_coche.arrancar()  # El Toyota Corolla está arrancando.
mi_coche.detenerse()  # El Toyota Corolla se ha detenido.
```

Pilares fundamentales de la POO

1. **Encapsulamiento:**
   Agrupa atributos y métodos dentro de una clase para proteger y organizar mejor los datos.

   - Ejemplo: Los detalles internos de un coche (como el motor) están ocultos al usuario; solo se proporcionan métodos para interactuar con él (arrancar , frenar).

2. **Herencia:**
   Permite que una clase derive de otra, reutilizando atributos y métodos.

   - Ejemplo: Una clase CocheDeportivo puede heredar de Coche , y agregar atributos como velocidad_maxima .

3. **Polimorfismo:**
   Permite que un método tenga diferentes comportamientos según el objeto que lo implemente.

   - Ejemplo: El método arrancar podría tener una implementación diferente en un coche eléctrico y un coche de gasolina.

4. **Abstracción:**
   Enfoca en los detalles esenciales y oculta los innecesarios.

- Ejemplo: Al interactuar con un coche, no necesitas saber cómo funciona el motor. solo necesitas usar los pedales y el volante.

Ejemplo práctico: Herencia y polimorfismo

Clase base:

```
class Animal:
    def __init__(self, nombre):
        self.nombre = nombre

    def hacer_sonido(self):
        pass  # Método que será redefinido por clases hijas
```

Clases hijas:

```
class Perro(Animal):
    def hacer_sonido(self):
        return "Guau!"

class Gato(Animal):
    def hacer_sonido(self):
        return "Miau!"
```

Usar polimorfismo:

```
# Crear instancias de animales
mi_perro = Perro("Max")
mi_gato = Gato("Luna")

# Polimorfismo en acción
print(f"{mi_perro.nombre} dice: {mi_perro.hacer_sonido()}")  # Max
dice: Guau!
print(f"{mi_gato.nombre} dice: {mi_gato.hacer_sonido()}")  # Luna
dice: Miau!
```

Beneficios de la POO

1. **Modularidad:**
   Divide el código en clases reutilizables y manejables.

2. **Reutilización:**
   Usa herencia para extender clases existentes en lugar de escribir código desde cero.

3. **Escalabilidad:**
   Facilita la ampliación y modificación del código a medida que crece el proyecto.

4. **Legibilidad:**
   El código orientado a objetos es más intuitivo y fácil de entender.

Conclusión

La Programación Orientada a Objetos transforma cómo organizas y escribes tu código, haciéndolo más estructurado y escalable. Aprender POO es clave para trabajar en proyectos más grandes y colaborar en equipos de desarrollo.

¡Sigue practicando creando tus propias clases y objetos para dominar este poderoso paradigma! ⚫

Clases y Objetos en Python

La **Programación Orientada a Objetos (POO)** gira en torno a **clases** y **objetos**. Aquí aprenderemos a definir clases, crear objetos y trabajar con atributos y métodos.

¿Qué es una clase?

Una **clase** es como un molde o plantilla que define las propiedades (**atributos**) y comportamientos (**métodos**) que tendrán los objetos creados a partir de ella.

Sintaxis básica de una clase:

```
class NombreDeLaClase:
    def __init__(self, atributos):
        # Inicialización de atributos
        self.atributo = valor

    def metodo(self):
        # Código del método
        pass
```

¿Qué es un objeto?

Un **objeto** es una instancia concreta de una clase. Los objetos tienen sus propios valores para los atributos definidos en la clase y pueden usar los métodos de la clase.

Crear un objeto:

```
mi_objeto = NombreDeLaClase(atributos)
```

Ejemplo práctico: Clase Coche

Definir la clase:

```
class Coche:
    def __init__(self, marca, modelo, color):
        # Atributos
        self.marca = marca
        self.modelo = modelo
        self.color = color

    def arrancar(self):
        print(f"El {self.marca} {self.modelo} está arrancando.")

    def detenerse(self):
        print(f"El {self.marca} {self.modelo} se ha detenido.")
```

Crear objetos:

```
# Crear un objeto
mi_coche = Coche("Toyota", "Corolla", "rojo")

# Usar atributos y métodos
print("Marca:", mi_coche.marca)  # Toyota
print("Modelo:", mi_coche.modelo)  # Corolla
mi_coche.arrancar()  # El Toyota Corolla está arrancando.
mi_coche.detenerse()  # El Toyota Corolla se ha detenido.
```

Atributos y métodos

Atributos de instancia:

Son variables asociadas a cada objeto y se inicializan dentro del método __init__.

Métodos:

Son funciones definidas dentro de la clase que operan sobre los atributos del objeto.

Ejemplo: Perro con atributos y métodos

```
class Perro:
    def __init__(self, nombre, raza):
        self.nombre = nombre
        self.raza = raza

    def ladrar(self):
        print(f"{self.nombre} está ladrando: ¡Guau guau!")

# Crear un objeto
mi_perro = Perro("Max", "Labrador")
print("Nombre:", mi_perro.nombre)  # Max
print("Raza:", mi_perro.raza)  # Labrador
mi_perro.ladrar()  # Max está ladrando: ¡Guau guau!
```

Atributos de clase y métodos estáticos

1. **Atributos de clase:**
   Son compartidos por todas las instancias de la clase.

Ejemplo:

```python
class Perro:
    especie = "Canis lupus familiaris"  # Atributo de clase

    def __init__(self, nombre):
        self.nombre = nombre  # Atributo de instancia

print(Perro.especie)  # Canis lupus familiaris
perro1 = Perro("Max")
print(perro1.especie)  # Canis lupus familiaris
```

1. **Métodos estáticos:**
   No dependen de ninguna instancia y se definen con `@staticmethod`.

Ejemplo:

```python
class Calculadora:
    @staticmethod
    def sumar(a, b):
        return a + b

print(Calculadora.sumar(5, 3))  # 8
```

Encapsulación

La **encapsulación** oculta los atributos o métodos para proteger los datos de acceso directo.

1. **Atributos privados:**
   Se definen con un guion bajo doble (__).

Ejemplo:

```python
class CuentaBancaria:
    def __init__(self, saldo):
        self.__saldo = saldo  # Atributo privado
```

```python
    def depositar(self, cantidad):
        self.__saldo += cantidad

    def mostrar_saldo(self):
        return self.__saldo

# Crear objeto
mi_cuenta = CuentaBancaria(100)
mi_cuenta.depositar(50)
print("Saldo:", mi_cuenta.mostrar_saldo())  # Saldo: 150
```

Herencia

Permite crear una nueva clase (clase hija) basada en otra (clase base o padre).

Ejemplo:

```python
class Animal:
    def __init__(self, nombre):
        self.nombre = nombre

    def hacer_sonido(self):
        pass

class Perro(Animal):
    def hacer_sonido(self):
        return "Guau!"

class Gato(Animal):
    def hacer_sonido(self):
        return "Miau!"

perro = Perro("Max")
gato = Gato("Luna")
print(f"{perro.nombre} dice: {perro.hacer_sonido()}")  # Max dice:
Guau!
print(f"{gato.nombre} dice: {gato.hacer_sonido()}")  # Luna dice:
Miau!
```

Polimorfismo

Permite que métodos con el mismo nombre actúen de forma diferente según la clase que los implemente.

Ejemplo:

```
animales = [Perro("Max"), Gato("Luna")]

for animal in animales:
    print(f"{animal.nombre} dice: {animal.hacer_sonido()}")
```

Conclusión

Las clases y los objetos son fundamentales en la Programación Orientada a Objetos. Aprender a trabajar con atributos, métodos, encapsulación y herencia te ayudará a escribir código más modular, reutilizable y fácil de mantener.

¡Sigue practicando con ejemplos del mundo real para dominar estos conceptos! ●

Creando un personaje para un juego con Python

En un juego, los personajes suelen tener características (atributos) como salud, fuerza, y habilidades, y pueden realizar acciones (métodos) como atacar, defenderse, o interactuar con el entorno. Vamos a construir un personaje básico usando la Programación Orientada a Objetos (POO).

Definiendo la clase `Personaje`

Código:

```
class Personaje:
    def __init__(self, nombre, salud, fuerza):
        # Atributos básicos
        self.nombre = nombre
        self.salud = salud
        self.fuerza = fuerza

    def atacar(self, otro_personaje):
```

```python
        """Reduce la salud del otro personaje basado en la fuerza del
atacante."""
        print(f"{self.nombre} ataca a {otro_personaje.nombre} con
fuerza {self.fuerza}!")
        otro_personaje.salud -= self.fuerza
        if otro_personaje.salud <= 0:
            print(f"{otro_personaje.nombre} ha sido derrotado!")
        else:
            print(f"A {otro_personaje.nombre} le queda
{otro_personaje.salud} de salud.")

    def curarse(self, cantidad):
        """Aumenta la salud del personaje."""
        self.salud += cantidad
        print(f"{self.nombre} se cura {cantidad} puntos de salud.
Ahora tiene {self.salud} de salud.")
```

Creando y probando personajes

Código:

```python
# Crear personajes
heroe = Personaje("Héroe", 100, 20)
villano = Personaje("Villano", 80, 15)

# Interacciones
heroe.atacar(villano)   # El Héroe ataca al Villano
villano.atacar(heroe)   # El Villano contraataca
heroe.curarse(10)       # El Héroe se cura
```

Resultado esperado:

```
Héroe ataca a Villano con fuerza 20!
A Villano le queda 60 de salud.
Villano ataca a Héroe con fuerza 15!
A Héroe le queda 85 de salud.
Héroe se cura 10 puntos de salud. Ahora tiene 95 de salud.
```

Añadiendo habilidades especiales

Podemos extender la clase `Personaje` para incluir habilidades únicas.

Código extendido:

```python
class Personaje:
    def __init__(self, nombre, salud, fuerza):
        self.nombre = nombre
        self.salud = salud
        self.fuerza = fuerza

    def atacar(self, otro_personaje):
        print(f"{self.nombre} ataca a {otro_personaje.nombre} con
fuerza {self.fuerza}!")
        otro_personaje.salud -= self.fuerza
        if otro_personaje.salud <= 0:
            print(f"{otro_personaje.nombre} ha sido derrotado!")
        else:
            print(f"A {otro_personaje.nombre} le queda
{otro_personaje.salud} de salud.")

    def curarse(self, cantidad):
        self.salud += cantidad
        print(f"{self.nombre} se cura {cantidad} puntos de salud.
Ahora tiene {self.salud} de salud.")

class Mago(Personaje):
    def __init__(self, nombre, salud, fuerza, mana):
        super().__init__(nombre, salud, fuerza)
        self.mana = mana

    def lanzar_hechizo(self, otro_personaje):
        if self.mana >= 10:
            print(f"{self.nombre} lanza un hechizo a
{otro_personaje.nombre}!")
            otro_personaje.salud -= self.fuerza * 2
            self.mana -= 10
            if otro_personaje.salud <= 0:
                print(f"{otro_personaje.nombre} ha sido derrotado por
el hechizo!")
            else:
                print(f"A {otro_personaje.nombre} le queda
{otro_personaje.salud} de salud.")
        else:
```

```
        print(f"{self.nombre} no tiene suficiente mana para
lanzar un hechizo.")
```

Probando habilidades especiales:

```
# Crear personajes
mago = Mago("Mago Sabio", 70, 15, 30)
guerrero = Personaje("Guerrero Fuerte", 120, 25)

# Interacciones
mago.lanzar_hechizo(guerrero)    # El Mago lanza un hechizo
guerrero.atacar(mago)            # El Guerrero ataca
mago.lanzar_hechizo(guerrero)    # El Mago lanza otro hechizo
```

Resultado esperado:

```
Mago Sabio lanza un hechizo a Guerrero Fuerte!
A Guerrero Fuerte le queda 90 de salud.
Guerrero Fuerte ataca a Mago Sabio con fuerza 25!
A Mago Sabio le queda 45 de salud.
Mago Sabio lanza un hechizo a Guerrero Fuerte!
A Guerrero Fuerte le queda 60 de salud.
```

Añadiendo más detalles

1. **Inventario:**

   Agrega un inventario con objetos que el personaje pueda usar.

   ```
   class Personaje:
       def __init__(self, nombre, salud, fuerza):
           self.nombre = nombre
           self.salud = salud
           self.fuerza = fuerza
           self.inventario = []

       def agregar_objeto(self, objeto):
           self.inventario.append(objeto)
           print(f"{self.nombre} agregó {objeto} a su inventario.")
   ```

2. **Niveles y experiencia:**

   Permite que el personaje suba de nivel al ganar experiencia.

```python
class Personaje:
    def __init__(self, nombre, salud, fuerza):
        self.nombre = nombre
        self.salud = salud
        self.fuerza = fuerza
        self.nivel = 1
        self.experiencia = 0

    def ganar_experiencia(self, cantidad):
        self.experiencia += cantidad
        if self.experiencia >= 100:
            self.nivel += 1
            self.experiencia -= 100
            self.fuerza += 5
            print(f"{self.nombre} ha subido al nivel {self.nivel}!")
```

Conclusión

Crear un personaje para un juego es un excelente ejemplo de cómo usar la Programación Orientada a Objetos. Con clases, atributos y métodos, puedes representar personajes con habilidades y comportamientos únicos.

¡Prueba estos ejemplos y personaliza tus personajes para hacerlos aún más interesantes! ●

Juegos Gráficos con Pygame: Introducción a Pygame

Pygame es una biblioteca de Python diseñada para crear videojuegos 2D. Proporciona herramientas para manejar gráficos, sonidos, y entradas de usuario, lo que la convierte en una excelente opción para aprender sobre desarrollo de juegos.

¿Por qué usar Pygame?

- **Fácil de aprender:** Su diseño es amigable para principiantes.
- **Portabilidad:** Funciona en múltiples plataformas (Windows, macOS, Linux).
- **Versatilidad:** Permite manejar gráficos, sonidos, y eventos como teclado y ratón.

Instalando Pygame

Para instalar Pygame, usa el siguiente comando:

```
pip install pygame
```

Estructura básica de un juego en Pygame

Un juego en Pygame tiene los siguientes elementos básicos:

1. **Inicialización:** Configura la ventana del juego, colores y otras configuraciones.

2. **Bucle principal:** Actualiza la lógica del juego y renderiza gráficos en la pantalla.

3. **Eventos:** Detecta interacciones del usuario, como teclas o clics del ratón.

Código básico de un juego en Pygame:

```python
import pygame
import sys

# Inicializar Pygame
pygame.init()

# Configuración de la ventana
ANCHO, ALTO = 800, 600
pantalla = pygame.display.set_mode((ANCHO, ALTO))
pygame.display.set_caption("Mi primer juego")

# Colores
NEGRO = (0, 0, 0)
BLANCO = (255, 255, 255)

# Bucle principal
reloj = pygame.time.Clock()
ejecutando = True

while ejecutando:
    for evento in pygame.event.get():
        if evento.type == pygame.QUIT:  # Detectar si se cierra la
ventana
            ejecutando = False

    # Dibujar en la pantalla
    pantalla.fill(NEGRO)  # Fondo negro
```

```
    pygame.draw.circle(pantalla, BLANCO, (400, 300), 50)  # Círculo
blanco

    pygame.display.flip()  # Actualizar pantalla
    reloj.tick(60)  # Limitar a 60 FPS

pygame.quit()
sys.exit()
```

Desglose del código

1. `pygame.init()`
   Inicializa los módulos necesarios de Pygame.

2. **Ventana del juego:**

   ```
   pantalla = pygame.display.set_mode((ANCHO, ALTO))
   pygame.display.set_caption("Mi primer juego")
   ```

   Esto crea una ventana de 800x600 píxeles con el título "Mi primer juego".

3. **Colores:**
   Los colores se definen como tuplas `(R, G, B)` donde cada componente varía entre 0 y 255.

   - `NEGRO = (0, 0, 0)`

   - `BLANCO = (255, 255, 255)`

4. **Bucle principal:**
   El corazón del juego, que incluye:

   - **Eventos:** Reacciona a interacciones como cerrar la ventana.

   - **Dibujo:** Renderiza gráficos en la pantalla.

   - **Actualización:** Refresca la ventana y controla la velocidad del juego con `reloj.tick(60)`.

5. **Cierre del juego:**
   Llama a `pygame.quit()` para cerrar Pygame y `sys.exit()` para finalizar el programa.

Agregar movimiento a un objeto

Vamos a mover un rectángulo usando las teclas de flecha.

Código:

```python
import pygame
import sys

# Inicializar Pygame
pygame.init()

# Configuración de la ventana
ANCHO, ALTO = 800, 600
pantalla = pygame.display.set_mode((ANCHO, ALTO))
pygame.display.set_caption("Movimiento de un rectángulo")

# Colores
NEGRO = (0, 0, 0)
ROJO = (255, 0, 0)

# Posición inicial del rectángulo
x, y = 400, 300
velocidad = 5

# Bucle principal
reloj = pygame.time.Clock()
ejecutando = True

while ejecutando:
    for evento in pygame.event.get():
        if evento.type == pygame.QUIT:
            ejecutando = False

    # Detectar teclas presionadas
    teclas = pygame.key.get_pressed()
    if teclas[pygame.K_UP]:
        y -= velocidad
    if teclas[pygame.K_DOWN]:
        y += velocidad
    if teclas[pygame.K_LEFT]:
        x -= velocidad
    if teclas[pygame.K_RIGHT]:
        x += velocidad
```

```python
    # Dibujar en la pantalla
    pantalla.fill(NEGRO)
    pygame.draw.rect(pantalla, ROJO, (x, y, 50, 50))   # Dibujar un
rectángulo

    pygame.display.flip()
    reloj.tick(60)

pygame.quit()
sys.exit()
```

Manejo de errores y excepciones

Es importante manejar posibles errores, como fallos de conexión o tiempo de espera.

Ejemplo:

```python
import requests

try:
    response =
requests.get("https://jsonplaceholder.typicode.com/posts/invalid",
timeout=5)
    response.raise_for_status()   # Genera una excepción si el estado
no es 200
    print("Conexión exitosa")
except requests.exceptions.Timeout:
    print("Error: Tiempo de espera excedido")
except requests.exceptions.RequestException as e:
    print("Error en la solicitud:", e)
```

Resumen de métodos HTTP en `requests`

Método	Descripción	Ejemplo
requests.get	Recuperar datos de un servidor	requests.get(url)
requests.post	Enviar datos al servidor	requests.post(url, json=datos)

Método	Descripción	Ejemplo
`requests.put`	Actualizar datos en el servidor	`requests.put(url, json=datos)`
`requests.delete`	Eliminar datos del servidor	`requests.delete(url)`

Conclusión

`requests` es una herramienta poderosa y fácil de usar para interactuar con la web en Python. Desde realizar solicitudes básicas hasta consumir APIs, esta biblioteca cubre la mayoría de las necesidades de conexión HTTP.

¡Explora sus funcionalidades y úsala para automatizar tareas o construir proyectos más complejos! ●

Creando un Mini Servidor Web con Flask

Flask es un framework minimalista para construir aplicaciones web con Python. Es ideal para crear servidores rápidos, APIs y aplicaciones web ligeras.

Instalación de Flask

Para instalar Flask, usa el siguiente comando:

```
pip install flask
```

Estructura Básica de un Servidor Flask

Un servidor Flask puede definirse en pocas líneas de código.

Ejemplo básico:

```python
from flask import Flask

app = Flask(__name__)

@app.route("/")  # Ruta raíz
def home():
    return "¡Hola, mundo! Este es mi servidor Flask."

if __name__ == "__main__":
    app.run(debug=True)
```

¿Qué hace este código?

1. **Crea una instancia de Flask:**
   `app = Flask(__name__)` inicializa la aplicación.

2. **Define una ruta:**
   `@app.route("/")` mapea la URL raíz (`/`) a la función `home`.

3. **Inicia el servidor:**
   `app.run(debug=True)` ejecuta el servidor en modo de depuración, mostrando errores detallados y recargando automáticamente los cambios.

Ejecutar el Servidor

Guarda el código en un archivo, por ejemplo, `servidor.py`. Luego, ejecútalo:

```
python servidor.py
```

Visita en tu navegador: http://127.0.0.1:5000
Deberías ver:

```
¡Hola, mundo! Este es mi servidor Flask.
```

Rutas Dinámicas

Las rutas dinámicas permiten recibir parámetros en la URL.

Ejemplo con rutas dinámicas:

```python
from flask import Flask

app = Flask(__name__)

@app.route("/saludo/<nombre>")
def saludo(nombre):
    return f"¡Hola, {nombre}! Bienvenido a Flask."

if __name__ == "__main__":
    app.run(debug=True)
```

Prueba en el navegador:

- http://127.0.0.1:5000/saludo/Ana
  Resultado:

  ```
  ¡Hola, Ana! Bienvenido a Flask.
  ```

- http://127.0.0.1:5000/saludo/Carlos
  Resultado:

  ```
  ¡Hola, Carlos! Bienvenido a Flask.
  ```

Manejando Métodos HTTP

Por defecto, Flask responde solo a solicitudes GET, pero puedes manejar otros métodos como POST.

Ejemplo:

```python
from flask import Flask, request

app = Flask(__name__)

@app.route("/suma", methods=["GET", "POST"])
def suma():
    if request.method == "POST":
```

```
        datos = request.json
        resultado = datos["a"] + datos["b"]
        return {"resultado": resultado}
    return "Envía un POST con dos números para sumarlos."


if __name__ == "__main__":
    app.run(debug=True)
```

Prueba con un cliente como Postman o curl:

```
curl -X POST http://127.0.0.1:5000/suma -H "Content-Type:
application/json" -d '{"a": 5, "b": 7}'
```

Respuesta:

```
{"resultado": 12}
```

Plantillas HTML con Jinja2

Flask utiliza **Jinja2** para renderizar plantillas HTML dinámicas.

Estructura de carpetas:

```
.
├── servidor.py
└── templates
    └── saludo.html
```

servidor.py:

```
from flask import Flask, render_template

app = Flask(__name__)

@app.route("/saludo/<nombre>")
def saludo(nombre):
    return render_template("saludo.html", nombre=nombre)

if __name__ == "__main__":
    app.run(debug=True)
```

templates/saludo.html:

```html
<!DOCTYPE html>
<html lang="en">
<head>
    <meta charset="UTF-8">
    <meta name="viewport" content="width=device-width, initial-scale=1.0">
    <title>Saludo</title>
</head>
<body>
    <h1>¡Hola, {{ nombre }}!</h1>
    <p>¡Bienvenido a Flask!</p>
</body>
</html>
```

Visita **http://127.0.0.1:5000/saludo/Ana** y Flask renderizará la plantilla con el nombre proporcionado.

Crear una API Simple con Flask

Flask es ideal para construir APIs RESTful.

Ejemplo de API simple:

```python
from flask import Flask, jsonify, request

app = Flask(__name__)

@app.route("/api/suma", methods=["POST"])
def api_suma():
    datos = request.json
    resultado = datos["a"] + datos["b"]
    return jsonify({"resultado": resultado})

@app.route("/api/info", methods=["GET"])
def api_info():
    return jsonify({"autor": "Tu Nombre", "version": "1.0"})

if __name__ == "__main__":
    app.run(debug=True)
```

Prueba de la API:

1. **GET a** `/api/info`:

```
curl http://127.0.0.1:5000/api/info
```

   Respuesta:

```
{"autor": "Tu Nombre", "version": "1.0"}
```

2. **POST a** `/api/suma`:

```
curl -X POST http://127.0.0.1:5000/api/suma -H "Content-Type:
application/json" -d '{"a": 10, "b": 20}'
```

   Respuesta:

```
{"resultado": 30}
```

Conclusión

Flask es una herramienta poderosa y sencilla para crear aplicaciones web y APIs. Con él, puedes empezar rápidamente y escalar a aplicaciones más complejas cuando lo necesites.

¡Explora Flask y diviértete creando tu primer servidor web! ⚫

Automatización Divertida: Automatizando Tareas con Python

Python es una herramienta poderosa para automatizar tareas repetitivas o tediosas, desde manipulación de archivos y envío de correos hasta control de navegadores y procesamiento de datos. Aquí exploraremos algunos ejemplos prácticos.

1. Renombrar Archivos en Masa

Renombrar múltiples archivos manualmente puede ser tedioso. Con Python, puedes automatizar esta tarea.

Ejemplo:

```python
import os

def renombrar_archivos(carpeta, prefijo):
    archivos = os.listdir(carpeta)
    for i, archivo in enumerate(archivos):
        extension = os.path.splitext(archivo)[1]
        nuevo_nombre = f"{prefijo}_{i + 1}{extension}"
        os.rename(os.path.join(carpeta, archivo),
os.path.join(carpeta, nuevo_nombre))
    print("Archivos renombrados exitosamente.")

# Usar la función
renombrar_archivos("ruta/a/tu/carpeta", "archivo")
```

2. Enviar Correos Electrónicos Automáticamente

Con el módulo `smtplib`, puedes enviar correos electrónicos desde Python.

Ejemplo:

```python
import smtplib
from email.mime.text import MIMEText

def enviar_correo(destinatario, asunto, mensaje, remitente,
contraseña):
    try:
        # Crear mensaje
        msg = MIMEText(mensaje)
        msg["Subject"] = asunto
        msg["From"] = remitente
        msg["To"] = destinatario

        # Conectar al servidor SMTP
        with smtplib.SMTP("smtp.gmail.com", 587) as servidor:
            servidor.starttls()
            servidor.login(remitente, contraseña)
```

```
        servidor.sendmail(remitente, destinatario,
msg.as_string())

        print("Correo enviado exitosamente.")
    except Exception as e:
        print("Error al enviar el correo:", e)

# Usar la función
enviar_correo(
    destinatario="destinatario@example.com",
    asunto="Prueba de automatización",
    mensaje="¡Hola! Este correo fue enviado automáticamente.",
    remitente="tucorreo@gmail.com",
    contraseña="tu_contraseña"
)
```

Nota: Si usas Gmail, habilita el acceso a aplicaciones menos seguras en tu cuenta o genera una contraseña de aplicación.

3. Automatización con el Navegador: Web Scraping

Usa **Selenium** para interactuar con navegadores web automáticamente.

Instalar Selenium y WebDriver:

```
pip install selenium
```

Descarga el WebDriver correspondiente a tu navegador.

Ejemplo:

```
from selenium import webdriver
from selenium.webdriver.common.by import By
from selenium.webdriver.common.keys import Keys

# Configurar el WebDriver
driver = webdriver.Chrome(executable_path="ruta/a/chromedriver")

# Abrir Google y buscar algo
driver.get("https://www.google.com")
busqueda = driver.find_element(By.NAME, "q")
busqueda.send_keys("Automatización con Python")
busqueda.send_keys(Keys.RETURN)
```

```
# Cerrar el navegador
driver.quit()
```

4. Automatizar Tareas Repetitivas con Cron y Python

Puedes ejecutar scripts periódicamente para realizar tareas como copias de seguridad o limpieza de archivos.

Ejemplo: Crear un Script para Limpiar Archivos Temporales

```python
import os

def limpiar_temporales(carpeta):
    archivos = os.listdir(carpeta)
    for archivo in archivos:
        if archivo.endswith(".tmp"):
            os.remove(os.path.join(carpeta, archivo))
    print("Archivos temporales eliminados.")

# Usar la función
limpiar_temporales("ruta/a/carpeta/temp")
```

Programar en Cron (Linux/Mac):

1. Abre el archivo de configuración:

```
crontab -e
```

2. Agrega una línea para ejecutar el script cada día:

```
0 0 * * * python3 /ruta/a/tu/script.py
```

5. Automatizar Descargas de Archivos

Descarga archivos automáticamente de una URL.

Ejemplo:

```python
import requests

def descargar_archivo(url, ruta_destino):
    response = requests.get(url)
    if response.status_code == 200:
        with open(ruta_destino, "wb") as archivo:
            archivo.write(response.content)
        print(f"Archivo descargado: {ruta_destino}")
    else:
        print(f"Error al descargar el archivo:
{response.status_code}")

# Usar la función
descargar_archivo("https://example.com/archivo.pdf",
"archivo_descargado.pdf")
```

6. Automatización de Tareas en Excel

Con **openpyxl**, puedes crear, leer o modificar archivos Excel automáticamente.

Instalar openpyxl:

```bash
pip install openpyxl
```

Ejemplo:

```python
from openpyxl import Workbook

# Crear un archivo Excel
wb = Workbook()
hoja = wb.active
hoja.title = "Datos Automáticos"

# Agregar datos
hoja.append(["Nombre", "Edad", "Ciudad"])
hoja.append(["Ana", 25, "Madrid"])
hoja.append(["Carlos", 30, "Buenos Aires"])

# Guardar el archivo
wb.save("datos_automaticos.xlsx")
```

```
print("Archivo Excel creado.")
```

7. Automatización de Mensajes con WhatsApp

Usa **pywhatkit** para enviar mensajes de WhatsApp automáticamente.

Instalar pywhatkit:

```
pip install pywhatkit
```

Ejemplo:

```
import pywhatkit as kit

# Enviar un mensaje
kit.sendwhatmsg("+1234567890", "¡Hola! Este es un mensaje
automático.", 15, 30)  # Envía a las 15:30
```

Nota: Necesitas tener WhatsApp Web configurado en tu navegador.

Conclusión

Python es una herramienta versátil para automatizar casi cualquier tarea. Desde manipular archivos y enviar correos hasta interactuar con navegadores o WhatsApp, las posibilidades son infinitas.

¡Explora estos ejemplos y empieza a ahorrar tiempo automatizando tus tareas diarias! ⬤

Bots Simples para Redes Sociales con Python

Un bot para redes sociales puede realizar tareas automatizadas como publicar contenido, responder mensajes, o interactuar con otros usuarios. Python ofrece bibliotecas específicas para conectarte con plataformas como Twitter, Instagram, y Telegram. Aquí te mostramos cómo crear bots simples para algunas de las plataformas más populares.

1. Bot para Twitter usando Tweepy

Tweepy es una biblioteca para interactuar con la API de Twitter. Puedes usarla para publicar tweets, seguir usuarios, y más.

Instalación de Tweepy:

```
pip install tweepy
```

Configuración de la API de Twitter:

1. Ve a Twitter Developer y crea un proyecto.
2. Obtén las claves de la API:
   - API Key
   - API Secret Key
   - Access Token
   - Access Token Secret

Ejemplo de un bot que publica un tweet:

```python
import tweepy

# Credenciales de la API
API_KEY = "tu_api_key"
API_SECRET = "tu_api_secret"
ACCESS_TOKEN = "tu_access_token"
ACCESS_TOKEN_SECRET = "tu_access_token_secret"

# Autenticación
auth = tweepy.OAuth1UserHandler(API_KEY, API_SECRET, ACCESS_TOKEN,
ACCESS_TOKEN_SECRET)
api = tweepy.API(auth)

# Publicar un tweet
tweet = "¡Hola Twitter! Este es mi primer tweet automatizado con
Python. ●"
api.update_status(tweet)
print("Tweet publicado exitosamente.")
```

Mejoras posibles:

- Responder automáticamente a menciones.
- Programar publicaciones periódicas.

2. Bot para Telegram usando `python-telegram-bot`

Telegram ofrece una API amigable para crear bots que envíen mensajes, respondan comandos, y más.

Instalación de `python-telegram-bot`:

```
pip install python-telegram-bot
```

Configuración del bot:

1. Ve a BotFather en Telegram y crea un bot.
2. Obtén el `Token` del bot proporcionado por BotFather.

Ejemplo de un bot que responde mensajes:

```python
from telegram import Update
from telegram.ext import Updater, CommandHandler, MessageHandler,
Filters, CallbackContext

# Token del bot
TOKEN = "tu_token_de_telegram"

# Función para manejar el comando /start
def start(update: Update, context: CallbackContext):
    update.message.reply_text("¡Hola! Soy tu bot de Telegram. Envíame
un mensaje y te responderé.")

# Función para manejar mensajes de texto
def echo(update: Update, context: CallbackContext):
    mensaje = update.message.text
    update.message.reply_text(f"Me dijiste: {mensaje}")

# Configurar el bot
updater = Updater(TOKEN)
dispatcher = updater.dispatcher
```

```python
dispatcher.add_handler(CommandHandler("start", start))
dispatcher.add_handler(MessageHandler(Filters.text &
~Filters.command, echo))

# Iniciar el bot
updater.start_polling()
print("Bot de Telegram en ejecución.")
updater.idle()
```

3. Bot para Instagram usando `Instabot`

`Instabot` permite automatizar interacciones en Instagram, como seguir usuarios o dar likes.

Instalación de `Instabot`:

```
pip install instabot
```

Ejemplo de un bot que da likes automáticamente:

```python
from instabot import Bot

bot = Bot()
bot.login(username="tu_usuario", password="tu_contraseña")

# Dar like a las 5 publicaciones más recientes de un hashtag
bot.like_hashtag("python", amount=5)
```

Advertencia:

Automatizar Instagram puede violar las políticas de la plataforma. Usa bots con precaución para evitar bloqueos.

4. Bot para Discord usando `discord.py`

`discord.py` es una biblioteca para interactuar con Discord y crear bots para servidores.

Instalación de `discord.py`:

```
pip install discord.py
```

Configuración del bot:

1. Ve a [Discord Developer Portal](#) y crea una aplicación.

2. Genera un token para tu bot.

3. Invita al bot a tu servidor con el enlace de autorización.

Ejemplo de un bot que responde comandos:

```python
import discord

# Token del bot
TOKEN = "tu_token_de_discord"

class MiBot(discord.Client):
    async def on_ready(self):
        print(f"Iniciado como {self.user}")

    async def on_message(self, message):
        if message.author == self.user:
            return
        if message.content.lower() == "hola":
            await message.channel.send("¡Hola! ¿Cómo estás?")

# Ejecutar el bot
bot = MiBot()
bot.run(TOKEN)
```

5. Bot para WhatsApp usando `pywhatkit`

`pywhatkit` permite automatizar el envío de mensajes por WhatsApp Web.

Instalación de `pywhatkit`:

```
pip install pywhatkit
```

Ejemplo de un bot que envía un mensaje programado:

```python
import pywhatkit as kit

# Enviar un mensaje a un número específico
kit.sendwhatmsg("+1234567890", "Hola, este es un mensaje
automático.", 15, 30)  # Envía a las 15:30
```

Nota: Necesitas tener WhatsApp Web configurado y abierto en tu navegador.

6. Ideas de Bots para Redes Sociales

1. **Twitter:**
   - Publicar tweets programados con contenido dinámico.
   - Responder automáticamente a menciones específicas.

2. **Telegram:**
   - Crear un bot que proporcione información como el clima o precios de criptomonedas.
   - Automatizar recordatorios o notificaciones.

3. **Instagram:**
   - Dar likes o seguir usuarios relacionados con un hashtag.

4. **Discord:**
   - Crear bots para gestionar roles o enviar mensajes automáticos en eventos.

Conclusión

Los bots para redes sociales simplifican tareas repetitivas y amplían tus posibilidades de interacción. Python ofrece herramientas para automatizar diferentes plataformas de manera eficiente.

¡Elige una plataforma y comienza a construir tu bot personalizado! ●

Trabajando con Excel y Archivos PDF usando Python

Python es ideal para manipular archivos **Excel** y **PDF** gracias a sus bibliotecas especializadas. Con estas herramientas, puedes automatizar tareas como generar informes, extraer datos, o convertir formatos.

1. Trabajando con Archivos Excel

Usaremos la biblioteca `openpyxl` para crear, leer y modificar archivos Excel.

Instalar `openpyxl`:

```
pip install openpyxl
```

Crear un archivo Excel:

```python
from openpyxl import Workbook

# Crear un archivo Excel
wb = Workbook()
hoja = wb.active
hoja.title = "Datos"

# Agregar datos
hoja.append(["Nombre", "Edad", "Ciudad"])
hoja.append(["Ana", 25, "Madrid"])
hoja.append(["Carlos", 30, "Buenos Aires"])

# Guardar el archivo
wb.save("datos.xlsx")
print("Archivo Excel creado.")
```

Leer un archivo Excel:

```python
from openpyxl import load_workbook

# Cargar el archivo Excel
wb = load_workbook("datos.xlsx")
hoja = wb.active

# Leer datos
for fila in hoja.iter_rows(values_only=True):
    print(fila)
```

Salida:

```
('Nombre', 'Edad', 'Ciudad')
('Ana', 25, 'Madrid')
('Carlos', 30, 'Buenos Aires')
```

Modificar un archivo Excel:

```python
from openpyxl import load_workbook

# Cargar el archivo
wb = load_workbook("datos.xlsx")
hoja = wb.active

# Agregar una nueva fila
hoja.append(["Luis", 35, "Lima"])

# Modificar un dato existente
hoja["B2"] = 26  # Cambiar la edad de Ana

# Guardar los cambios
wb.save("datos_modificados.xlsx")
print("Archivo modificado y guardado.")

#### **Ejemplo de implementación:**

```python
def cifrar_cesar(mensaje, desplazamiento):
    resultado = ""
    for caracter in mensaje:
        if caracter.isalpha():
```
```

```
            base = ord('A') if caracter.isupper() else ord('a')
            resultado += chr((ord(caracter) - base + desplazamiento)
% 26 + base)
        else:
            resultado += caracter  # Dejar otros caracteres sin
cambios
    return resultado

def descifrar_cesar(mensaje, desplazamiento):
    return cifrar_cesar(mensaje, -desplazamiento)

# Prueba
mensaje = "Hola Mundo"
desplazamiento = 3
cifrado = cifrar_cesar(mensaje, desplazamiento)
descifrado = descifrar_cesar(cifrado, desplazamiento)

print("Mensaje original:", mensaje)
print("Mensaje cifrado:", cifrado)
print("Mensaje descifrado:", descifrado)
```

Salida:

```
Mensaje original: Hola Mundo
Mensaje cifrado: Krod Pxqgr
Mensaje descifrado: Hola Mundo
```

2. Cifrado por Sustitución

Cada letra del mensaje se reemplaza por otra letra según una clave (un alfabeto reorganizado).

Ejemplo de implementación:

```
import string

def generar_clave(alfabeto):
    import random
    clave = list(alfabeto)
    random.shuffle(clave)
    return ''.join(clave)

def cifrar_sustitucion(mensaje, clave):
```

```python
    alfabeto = string.ascii_lowercase
    tabla = str.maketrans(alfabeto, clave)
    return mensaje.lower().translate(tabla)

def descifrar_sustitucion(mensaje, clave):
    alfabeto = string.ascii_lowercase
    tabla = str.maketrans(clave, alfabeto)
    return mensaje.translate(tabla)

# Generar clave
alfabeto = string.ascii_lowercase
clave = generar_clave(alfabeto)

# Cifrar y descifrar
mensaje = "hola mundo"
cifrado = cifrar_sustitucion(mensaje, clave)
descifrado = descifrar_sustitucion(cifrado, clave)

print("Clave:", clave)
print("Mensaje original:", mensaje)
print("Mensaje cifrado:", cifrado)
print("Mensaje descifrado:", descifrado)
```

Salida (clave aleatoria):

```
Clave: zyxwvutsrqponmlkjihgfedcba
Mensaje original: hola mundo
Mensaje cifrado: slod nfmwl
Mensaje descifrado: hola mundo
```

3. Cifrado XOR (Exclusive OR)

El cifrado XOR utiliza una operación lógica exclusiva entre cada carácter del mensaje y una clave. Es muy básico pero efectivo para ciertas aplicaciones.

Ejemplo de implementación:

```python
def cifrar_xor(mensaje, clave):
    cifrado = "".join(chr(ord(c) ^ clave) for c in mensaje)
    return cifrado

def descifrar_xor(cifrado, clave):
    return cifrar_xor(cifrado, clave)  # El proceso es reversible
```

```
# Prueba
mensaje = "Hola Mundo"
clave = 123  # Debe ser un número entero
cifrado = cifrar_xor(mensaje, clave)
descifrado = descifrar_xor(cifrado, clave)

print("Mensaje original:", mensaje)
print("Mensaje cifrado:", cifrado)
print("Mensaje descifrado:", descifrado)
```

Salida:

```
Mensaje original: Hola Mundo
Mensaje cifrado: ²§ª¡TÇ•¡Õ
Mensaje descifrado: Hola Mundo
```

4. Cifrado AES (Advanced Encryption Standard)

El cifrado AES es un estándar de la industria para la criptografía simétrica. Usaremos la biblioteca **cryptography** para implementarlo.

Instalar la biblioteca `cryptography`:

```
pip install cryptography
```

Ejemplo de implementación:

```python
from cryptography.fernet import Fernet

# Generar una clave
clave = Fernet.generate_key()
cifrado = Fernet(clave)

# Cifrar y descifrar
mensaje = "Hola Mundo"
mensaje_cifrado = cifrado.encrypt(mensaje.encode())
mensaje_descifrado = cifrado.decrypt(mensaje_cifrado).decode()

print("Clave:", clave.decode())
print("Mensaje original:", mensaje)
print("Mensaje cifrado:", mensaje_cifrado.decode())
```

```
print("Mensaje descifrado:", mensaje_descifrado)
```

Salida:

```
Clave: xxxxxxxxxxxxxxxxxxxxxxxxxxxxxxxxxxxxxxxxx
Mensaje original: Hola Mundo
Mensaje cifrado: gAAAAABk...
Mensaje descifrado: Hola Mundo
```

5. Cifrado Base64 (Codificación no segura)

Base64 no es un cifrado seguro, pero se usa para codificar datos de manera legible y transportable.

Ejemplo de implementación:

```python
import base64

# Codificar y decodificar en Base64
mensaje = "Hola Mundo"
mensaje_cifrado = base64.b64encode(mensaje.encode()).decode()
mensaje_descifrado = base64.b64decode(mensaje_cifrado).decode()

print("Mensaje original:", mensaje)
print("Mensaje cifrado (Base64):", mensaje_cifrado)
print("Mensaje descifrado:", mensaje_descifrado)
```

Salida:

```
Mensaje original: Hola Mundo
Mensaje cifrado (Base64): SG9sYSBNdW5kbw==
Mensaje descifrado: Hola Mundo
```

6. Ideas para Ampliar

1. **Añadir Autenticación:**
   Combina los cifrados con firmas digitales para garantizar la autenticidad del remitente.

2. **Aplicación en Archivos:**

- Extiende los ejemplos para cifrar y descifrar archivos completos (PDF, Excel, etc.).

3. **Cifrado Asimétrico:**

   - Aprende sobre RSA, un algoritmo que utiliza claves pública y privada para cifrar y descifrar.

4. **Aplicaciones Prácticas:**

   - Crea una aplicación que cifre mensajes en un chat o en un sistema de almacenamiento seguro.

Conclusión

Python facilita la implementación de diversos algoritmos de cifrado, desde métodos clásicos como el César hasta estándares modernos como AES. Explora estos ejemplos para comprender mejor los conceptos de seguridad y criptografía.

¡Pon manos a la obra y protege tus datos! ⬤

Creando tu Propio "Secreto" Codificado

Un "secreto" codificado es un mensaje que ha sido transformado para proteger su contenido y que solo puede ser leído por quien tenga la clave o el método adecuado para descifrarlo. Vamos a crear un sistema personalizado de codificación y decodificación usando Python.

1. Definiendo Nuestro Algoritmo

Diseñaremos un sistema simple que:

1. Combina un cifrado César con un cifrado XOR para mayor seguridad.

2. Usa una clave secreta que debe ser conocida para decodificar el mensaje.

2. Implementación

Código Completo:

```python
def cifrar_secreto(mensaje, clave):
    """
    Cifra un mensaje combinando un cifrado César y XOR.
    """
    cifrado = ""
```

```python
    for i, caracter in enumerate(mensaje):
        # Cifrado César (desplazamiento basado en la clave)
        desplazamiento = ord(clave[i % len(clave)]) % 26
        if caracter.isalpha():
            base = ord('A') if caracter.isupper() else ord('a')
            caracter_cifrado = chr((ord(caracter) - base +
desplazamiento) % 26 + base)
        else:
            caracter_cifrado = caracter

        # Cifrado XOR (con el valor ASCII de la clave)
        caracter_xor = chr(ord(caracter_cifrado) ^ ord(clave[i %
len(clave)]))
        cifrado += caracter_xor
    return cifrado

def descifrar_secreto(cifrado, clave):
    """
    Descifra un mensaje cifrado con el algoritmo anterior.
    """
    mensaje = ""
    for i, caracter in enumerate(cifrado):
        # Revertir XOR
        caracter_xor = chr(ord(caracter) ^ ord(clave[i %
len(clave)]))

        # Revertir César
        desplazamiento = ord(clave[i % len(clave)]) % 26
        if caracter_xor.isalpha():
            base = ord('A') if caracter_xor.isupper() else ord('a')
            caracter_descifrado = chr((ord(caracter_xor) - base -
desplazamiento) % 26 + base)
        else:
            caracter_descifrado = caracter_xor

        mensaje += caracter_descifrado
    return mensaje

# Prueba
mensaje_original = "Este es un mensaje super secreto!"
clave = "PythonRocks"

# Cifrar
mensaje_cifrado = cifrar_secreto(mensaje_original, clave)
print("Mensaje cifrado:", mensaje_cifrado)
```

```
# Descifrar
mensaje_descifrado = descifrar_secreto(mensaje_cifrado, clave)
print("Mensaje descifrado:", mensaje_descifrado)
```

Explicación del Algoritmo

1. **Cifrado César:**
   - Se desplaza cada carácter del mensaje según un valor derivado de la clave.
   - La clave se reutiliza en ciclos si es más corta que el mensaje.

2. **Cifrado XOR:**
   - Cada carácter resultante del cifrado César se combina con la clave usando la operación lógica XOR para añadir otra capa de seguridad.

3. **Descifrado:**
   - Se invierten las operaciones XOR y César en orden inverso para recuperar el mensaje original.

Ejemplo de Salida

Entrada:

```
Mensaje original: Este es un mensaje super secreto!
Clave: PythonRocks
```

Salida:

```
Mensaje cifrado: ´••¡ ••:²•••¡••••æ••••åª
Mensaje descifrado: Este es un mensaje super secreto!
```

Mejoras Posibles

1. **Soporte para Caracteres Especiales:**
   Extender el algoritmo para codificar y decodificar caracteres especiales y emojis.

2. **Añadir Aleatoriedad:**
   Introducir un valor inicial aleatorio (salta) para aumentar la complejidad del cifrado.

3. **Cifrado de Archivos:**
   Adaptar el algoritmo para cifrar y descifrar archivos completos (texto, imágenes, etc.).

4. **Interfaz Gráfica:**
   Crear una interfaz para facilitar el uso del sistema de cifrado y descifrado.

Conclusión

Crear tu propio sistema de codificación te ayuda a comprender los fundamentos de la criptografía. Este ejemplo muestra cómo combinar técnicas simples como César y XOR para construir un sistema más seguro.

¡Experimenta con este código y hazlo tuyo! ●

Introducción a la Ciberseguridad

La **ciberseguridad** es la práctica de proteger sistemas, redes, y datos de ataques cibernéticos. En un mundo cada vez más digitalizado, donde la información es un activo clave, la ciberseguridad se ha vuelto esencial para proteger tanto a individuos como a organizaciones.

1. ¿Qué es la Ciberseguridad?

La ciberseguridad abarca un conjunto de prácticas, tecnologías y controles diseñados para:

- Proteger la **confidencialidad**, **integridad**, y **disponibilidad** de la información.
- Defender contra amenazas cibernéticas como hackers, malware, phishing, y más.

2. Principios Fundamentales de la Ciberseguridad

1. **Confidencialidad:**
   Asegura que solo las personas autorizadas puedan acceder a la información.
   - Ejemplo: Uso de contraseñas y cifrado.

2. **Integridad:**
   Garantiza que los datos no sean alterados o manipulados sin autorización.
   - Ejemplo: Detectar y prevenir cambios no autorizados en bases de datos.

3. **Disponibilidad:**
Asegura que los sistemas y datos estén accesibles para los usuarios autorizados cuando los necesiten.

   ○ Ejemplo: Mantenimiento de servidores y protección contra ataques DDoS.

3. Tipos Comunes de Amenazas

1. **Malware:**
Software malicioso que incluye virus, gusanos, troyanos y ransomware.

   ○ Ejemplo: Un ransomware cifra tus archivos y exige un pago para recuperarlos.

2. **Phishing:**
Intento de engañar a usuarios para que revelen información sensible como contraseñas o datos bancarios.

   ○ Ejemplo: Correos electrónicos falsos que parecen ser de tu banco.

3. **Ataques de fuerza bruta:**
Método de prueba y error para descifrar contraseñas.

4. **Ataques de denegación de servicio (DDoS):**
Inundan un sistema con tráfico para hacerlo inaccesible.

5. **Ingeniería social:**
Manipulación psicológica para obtener información confidencial.

4. Herramientas y Técnicas Comunes en Ciberseguridad

1. **Cifrado:**

   ○ Protege datos mediante algoritmos como AES o RSA.

2. **Firewalls:**

   ○ Filtran y controlan el tráfico de red para prevenir accesos no autorizados.

3. **Autenticación de múltiples factores (MFA):**

   ○ Agrega una capa adicional de seguridad, como códigos enviados al móvil.

4. **Análisis de vulnerabilidades:**

   ○ Herramientas como **Nmap** o **Nessus** identifican debilidades en sistemas.

5. **Sistemas de detección de intrusos (IDS):**

   ○ Monitorean redes en busca de actividades sospechosas.

5. Buenas Prácticas de Ciberseguridad

1. **Usar contraseñas fuertes:**
   - Incluye letras, números, y caracteres especiales.
2. **Mantener software actualizado:**
   - Los parches de seguridad corrigen vulnerabilidades.
3. **Copia de seguridad de datos:**
   - Protege contra pérdida de datos en caso de ataques o errores.
4. **Desconfiar de correos sospechosos:**
   - Nunca hagas clic en enlaces no verificados.
5. **Usar VPN en redes públicas:**
   - Protege tus datos en conexiones no seguras.

6. Rol de Python en la Ciberseguridad

Python es ampliamente utilizado en ciberseguridad por su simplicidad y potencia. Algunas aplicaciones incluyen:

1. **Escaneo de Puertos:**

```python
import socket

def escanear_puerto(ip, puerto):
    try:
        with socket.socket(socket.AF_INET, socket.SOCK_STREAM) as s:
            s.settimeout(1)
            s.connect((ip, puerto))
            return True
    except:
        return False

ip = "127.0.0.1"
for puerto in range(1, 1025):
    if escanear_puerto(ip, puerto):
        print(f"Puerto {puerto} está abierto.")
```

2. **Generación de Contraseñas:**

```
import random
import string

def generar_contraseña(longitud=12):
    caracteres = string.ascii_letters + string.digits +
string.punctuation
    return ''.join(random.choice(caracteres) for _ in
range(longitud))

print("Contraseña segura:", generar_contraseña())
```

3. **Cifrado de Mensajes:**

   ○ Ver ejemplos como el **Cifrado César** o **AES** en secciones anteriores.

7. Áreas de Especialización en Ciberseguridad

1. **Seguridad de redes:**
   Protección de redes contra accesos no autorizados.

2. **Análisis forense digital:**
   Investigación de incidentes cibernéticos y recuperación de datos.

3. **Pruebas de penetración:**
   Simulación de ataques para identificar vulnerabilidades.

4. **Seguridad en la nube:**
   Protección de datos y aplicaciones en servicios en la nube.

5. **Seguridad de aplicaciones:**
   Identificación y mitigación de vulnerabilidades en software.

8. Recursos para Aprender Ciberseguridad

1. **Plataformas de aprendizaje:**

   ○ Cybrary

   ○ TryHackMe

   ○ Hack The Box

2. **Libros recomendados:**

   ○ *"The Web Application Hacker's Handbook"*

   ○ *"Hacking: The Art of Exploitation"*

3. **Certificaciones:**

- CompTIA Security+
- Certified Ethical Hacker (CEH)
- Certified Information Systems Security Professional (CISSP)

Conclusión

La ciberseguridad es un campo dinámico y esencial en la era digital. Ya sea protegiendo datos personales o asegurando infraestructuras críticas, el conocimiento de las amenazas y las medidas de protección es clave. Python es una herramienta poderosa en este ámbito, permitiendo la automatización de tareas y el desarrollo de soluciones de seguridad.

¡Explora el mundo de la ciberseguridad y contribuye a un entorno digital más seguro! ⬤

Calculadora Gráfica Interactiva con Python

Crear una **calculadora gráfica interactiva** es un excelente proyecto para practicar habilidades intermedias en Python, combinando interfaces gráficas, matemáticas y visualización de gráficos. Usaremos **Tkinter** para la interfaz gráfica y **matplotlib** para los gráficos interactivos.

1. Funcionalidades de la Calculadora

La calculadora gráfica permitirá:

1. Introducir funciones matemáticas como $y=x2+2x+1y = x^2 + 2x + 1$.
2. Elegir el rango de valores para xx.
3. Mostrar el gráfico interactivo de la función ingresada.

2. Código Completo

```python
import tkinter as tk
from tkinter import messagebox
import numpy as np
import matplotlib.pyplot as plt
from matplotlib.backends.backend_tkagg import FigureCanvasTkAgg
```

```python
# Función para graficar
def graficar():
    try:
        # Obtener valores de entrada
        funcion = entrada_funcion.get()
        x_min = float(entrada_x_min.get())
        x_max = float(entrada_x_max.get())

        if x_min >= x_max:
            messagebox.showerror("Error", "El valor mínimo de X debe
ser menor al máximo.")
            return

        # Generar valores de X e Y
        x = np.linspace(x_min, x_max, 500)
        y = eval(funcion)

        # Limpiar la figura anterior
        ax.clear()

        # Graficar la nueva función
        ax.plot(x, y, label=f"y = {funcion}")
        ax.set_title("Calculadora Gráfica Interactiva")
        ax.set_xlabel("X")
        ax.set_ylabel("Y")
        ax.legend()
        ax.grid(True)

        # Actualizar el lienzo
        canvas.draw()

    except Exception as e:
        messagebox.showerror("Error", f"Hubo un problema: {e}")

# Crear ventana principal
ventana = tk.Tk()
ventana.title("Calculadora Gráfica Interactiva")

# Crear marco para la entrada
frame_entrada = tk.Frame(ventana)
frame_entrada.pack(pady=10)

# Etiqueta y entrada para la función
tk.Label(frame_entrada, text="Función (y=f(x)):").grid(row=0,
column=0, padx=5, pady=5)
entrada_funcion = tk.Entry(frame_entrada, width=30)
```

```python
entrada_funcion.grid(row=0, column=1, padx=5, pady=5)

# Etiquetas y entradas para el rango de X
tk.Label(frame_entrada, text="X Min:").grid(row=1, column=0, padx=5,
pady=5)
entrada_x_min = tk.Entry(frame_entrada, width=10)
entrada_x_min.grid(row=1, column=1, padx=5, pady=5, sticky="w")

tk.Label(frame_entrada, text="X Max:").grid(row=2, column=0, padx=5,
pady=5)
entrada_x_max = tk.Entry(frame_entrada, width=10)
entrada_x_max.grid(row=2, column=1, padx=5, pady=5, sticky="w")

# Botón para graficar
boton_graficar = tk.Button(ventana, text="Graficar",
command=graficar)
boton_graficar.pack(pady=10)

# Crear figura de matplotlib
fig, ax = plt.subplots(figsize=(6, 4))
canvas = FigureCanvasTkAgg(fig, master=ventana)
canvas.get_tk_widget().pack()

# Iniciar el bucle de la interfaz
ventana.mainloop()
```

3. Explicación del Código

1. **Interfaz Gráfica con Tkinter:**
   - Se crean campos de entrada para ingresar la función matemática y el rango de valores (x_{min}, x_{max}).
   - Un botón "Graficar" llama a la función `graficar()` para procesar y mostrar la gráfica.

2. **Evaluación de la Función Matemática:**
   - Se usa `eval(funcion)` para interpretar y calcular los valores de y para cada x.
   - Se asegura que la entrada sea válida con un bloque `try-except` para manejar errores.

3. **Gráficos con Matplotlib:**

- La gráfica se actualiza dinámicamente en la ventana de Tkinter mediante `FigureCanvasTkAgg`.
- Se limpia la gráfica previa con `ax.clear()` antes de dibujar la nueva.

4. **Validación de Entradas:**
- Comprueba que xmin<xmaxx$\{\text{min}\} < x\{\text{max}\}$.
- Maneja errores como entradas vacías o funciones mal formadas con `messagebox.showerror`.

4. Uso del Programa

1. **Inicia el programa:**
- Ejecuta el código. Aparecerá una ventana con campos para ingresar la función y el rango de valores de xx.

2. **Ingresa una función:**
- Ejemplo: `x**2 + 2*x + 1`.
- Usa `**` para potencias, y funciones matemáticas como `np.sin(x)` o `np.exp(x)`.

3. **Define el rango de xx:**
- Ejemplo: xmin=−10x$\{\text{min}\}$ = -10, xmax=10x$\{\text{max}\}$ = 10.

4. **Haz clic en "Graficar":**
- Verás el gráfico interactivo en el mismo programa.

5. Mejoras Posibles

1. **Soporte para más funciones:**
- Agrega validaciones para funciones como `sin`, `cos`, `tan`, o constantes como π\pi.

2. **Colores Personalizables:**
- Permite que el usuario elija el color y estilo de la gráfica.

3. **Zoom y Navegación:**
- Habilita la funcionalidad de acercar y alejar la gráfica con el ratón.

4. **Guardar Gráficos:**
- Agrega un botón para guardar las gráficas generadas como imágenes (`.png`, `.jpg`).

5. **Multigrafías:**

   o Permite graficar múltiples funciones en la misma ventana, cada una con un color diferente.

Conclusión

Este proyecto combina habilidades de programación en Python con bibliotecas como Tkinter y Matplotlib para crear una herramienta interactiva y práctica. Es un excelente punto de partida para aprender sobre visualización de datos y diseño de interfaces gráficas.

¡Personaliza la calculadora y hazla aún más útil y atractiva! ⬤

Juego de Trivia con Puntuación

Crear un juego de trivia en Python es una excelente manera de combinar lógica, estructuras de control y funciones. Este proyecto puede ser interactivo, divertido y escalable según tus necesidades.

1. Funcionalidades del Juego

El juego incluirá:

1. **Preguntas con múltiples opciones.**

2. **Puntuación acumulativa.**

3. **Mensajes personalizados según las respuestas.**

4. **Feedback sobre la respuesta correcta.**

2. Código Completo

```python
import random

def mostrar_pregunta(pregunta, opciones, correcta):
    """
    Muestra una pregunta y sus opciones, y devuelve True si el
usuario acierta.
    """
    print("\n" + pregunta)
```

```python
    for i, opcion in enumerate(opciones, 1):
        print(f"{i}. {opcion}")

    while True:
        try:
            respuesta = int(input("Elige tu respuesta (1-4): "))
            if 1 <= respuesta <= 4:
                break
            else:
                print("Por favor, elige un número entre 1 y 4.")
        except ValueError:
            print("Entrada inválida. Por favor, ingresa un número.")

    if opciones[respuesta - 1] == correcta:
        print("¡Correcto!")
        return True
    else:
        print(f"Incorrecto. La respuesta correcta era: {correcta}")
        return False

def jugar_trivia():
    """
    Función principal para jugar la trivia.
    """
    preguntas = [
        {
            "pregunta": "¿Cuál es el planeta más grande del sistema
solar?",
            "opciones": ["Marte", "Júpiter", "Saturno", "Venus"],
            "correcta": "Júpiter"
        },
        {
            "pregunta": "¿Quién pintó la Mona Lisa?",
            "opciones": ["Leonardo da Vinci", "Pablo Picasso",
"Vincent van Gogh", "Claude Monet"],
            "correcta": "Leonardo da Vinci"
        },
        {
            "pregunta": "¿Cuál es el elemento químico con símbolo
'O'?",
            "opciones": ["Oro", "Osmio", "Oxígeno", "Óxido"],
            "correcta": "Oxígeno"
        },
        {
            "pregunta": "¿En qué año llegó el hombre a la luna?",
            "opciones": ["1965", "1969", "1972", "1980"],
```

```python
            "correcta": "1969"
        }
    ]

    random.shuffle(preguntas)  # Barajar las preguntas
    puntuacion = 0

    print("¡Bienvenido al juego de Trivia!")
    print("Responde las preguntas y gana puntos.\n")

    for i, pregunta in enumerate(preguntas, 1):
        print(f"Pregunta {i}/{len(preguntas)}:")
        if mostrar_pregunta(pregunta["pregunta"],
pregunta["opciones"], pregunta["correcta"]):
            puntuacion += 10  # Sumar puntos por cada respuesta
correcta
        else:
            puntuacion -= 5  # Restar puntos por respuesta incorrecta

    print("\nJuego terminado.")
    print(f"Tu puntuación final es: {puntuacion} puntos.")

    if puntuacion >= 30:
        print("¡Excelente trabajo!")
    elif puntuacion >= 10:
        print("¡Buen intento! Sigue practicando.")
    else:
        print("¡Ánimo! La próxima vez lo harás mejor.")

# Iniciar el juego
if __name__ == "__main__":
    jugar_trivia()
```

3. Explicación del Código

1. **Estructura de Preguntas:**

   o Cada pregunta está representada como un diccionario con los campos:

     ▪ pregunta : La pregunta a mostrar.

     ▪ opciones : Lista de opciones posibles.

     ▪ correcta : La respuesta correcta.

2. **Función mostrar_pregunta :**

- Muestra la pregunta y las opciones.

- Valida la entrada del usuario.

- Retorna `True` si la respuesta es correcta, `False` en caso contrario.

3. **Función `jugar_trivia`:**

- Baraja las preguntas para que el orden sea aleatorio.

- Lleva un registro de la puntuación del jugador.

- Muestra mensajes finales personalizados según la puntuación.

4. **Puntuación:**

- **+10 puntos** por respuesta correcta.

- **-5 puntos** por respuesta incorrecta.

4. Mejoras Posibles

1. **Modo de Juego:**

- Agregar un límite de tiempo para responder cada pregunta.

- Implementar niveles de dificultad con diferentes puntuaciones.

2. **Preguntas Adicionales:**

- Leer preguntas desde un archivo JSON o base de datos para escalabilidad.

3. **Feedback Avanzado:**

- Mostrar explicaciones detalladas sobre las respuestas correctas.

4. **Interfaz Gráfica:**

- Usar bibliotecas como **Tkinter** o **PyQt** para crear una interfaz más atractiva.

5. **Marcadores:**

- Guardar las puntuaciones más altas en un archivo para comparar resultados.

5. Ejemplo de Ejecución

Entrada del Usuario:

```
Pregunta 1/4:
¿Cuál es el planeta más grande del sistema solar?
1. Marte
2. Júpiter
3. Saturno
4. Venus
Elige tu respuesta (1-4): 2
¡Correcto!
```

Salida Final:

```
Juego terminado.
Tu puntuación final es: 25 puntos.
¡Buen intento! Sigue practicando.
```

6. Conclusión

Este juego de trivia es un proyecto versátil y personalizable. Puedes expandirlo con más preguntas, diferentes mecánicas de puntuación o incluso integrarlo con una interfaz gráfica para hacerlo más atractivo.

¡Diviértete creando y compartiendo tu propio juego de trivia! 🎮

Aplicación Simple de Notas con Python

Crear una aplicación de notas es un excelente proyecto para practicar el manejo de archivos, listas, y interfaces gráficas básicas. Aquí desarrollaremos una aplicación con **Tkinter** que permita a los usuarios:

1. Crear nuevas notas.

2. Guardar notas en un archivo.

3. Cargar notas previamente guardadas.

1. Funcionalidades Principales

1. **Crear y editar notas:**

   ○ Un área de texto donde el usuario puede escribir sus notas.

2. **Guardar notas:**

- Guardar el contenido en un archivo `.txt`.
3. **Abrir notas existentes:**
   - Cargar el contenido de un archivo `.txt` en el área de texto.

2. Código Completo

```python
import tkinter as tk
from tkinter import filedialog, messagebox

def nueva_nota():
    """
    Limpia el área de texto para crear una nueva nota.
    """
    if messagebox.askyesno("Nueva Nota", "¿Quieres crear una nueva
nota? Perderás los cambios no guardados."):
        texto.delete("1.0", tk.END)

def guardar_nota():
    """
    Guarda el contenido del área de texto en un archivo.
    """
    archivo = filedialog.asksaveasfilename(
        defaultextension=".txt",
        filetypes=[("Archivos de Texto", "*.txt"), ("Todos los
archivos", "*.*")]
    )
    if archivo:
        try:
            with open(archivo, "w") as f:
                f.write(texto.get("1.0", tk.END))
            messagebox.showinfo("Guardar Nota", "Nota guardada
exitosamente.")
        except Exception as e:
            messagebox.showerror("Error", f"No se pudo guardar el
archivo: {e}")

def abrir_nota():
    """
    Abre un archivo de texto y carga su contenido en el área de
texto.
    """
    archivo = filedialog.askopenfilename(
```

```python
            filetypes=[("Archivos de Texto", "*.txt"), ("Todos los
archivos", "*.*")]
        )
    if archivo:
        try:
            with open(archivo, "r") as f:
                contenido = f.read()
                texto.delete("1.0", tk.END)
                texto.insert("1.0", contenido)
        except Exception as e:
            messagebox.showerror("Error", f"No se pudo abrir el
archivo: {e}")

# Configurar la ventana principal
ventana = tk.Tk()
ventana.title("Aplicación de Notas")
ventana.geometry("600x400")

# Menú
menu = tk.Menu(ventana)
ventana.config(menu=menu)

menu_archivo = tk.Menu(menu, tearoff=0)
menu_archivo.add_command(label="Nueva Nota", command=nueva_nota)
menu_archivo.add_command(label="Guardar Nota", command=guardar_nota)
menu_archivo.add_command(label="Abrir Nota", command=abrir_nota)
menu_archivo.add_separator()
menu_archivo.add_command(label="Salir", command=ventana.quit)
menu.add_cascade(label="Archivo", menu=menu_archivo)

# Área de texto
texto = tk.Text(ventana, wrap="word", font=("Arial", 12))
texto.pack(expand=True, fill="both", padx=10, pady=10)

# Iniciar la aplicación
ventana.mainloop()
```

3. Explicación del Código

1. **Interfaz Gráfica con Tkinter:**

   - La ventana principal se crea con `Tk()`.

   - El área de texto para escribir notas usa el widget `Text`.

   - Se añade un menú con opciones para crear, guardar y abrir notas.

2. **Funciones Principales:**

- **Nueva Nota:** Limpia el área de texto después de confirmar con el usuario.
- **Guardar Nota:** Guarda el contenido del área de texto en un archivo seleccionado por el usuario.
- **Abrir Nota:** Abre un archivo seleccionado y carga su contenido en el área de texto.

3. **Manejo de Archivos:**

- Se utilizan diálogos de archivo (`filedialog`) para seleccionar o guardar archivos.
- El manejo de excepciones asegura que los errores sean controlados.

4. **Validaciones:**

- Uso de mensajes (`messagebox`) para informar al usuario sobre acciones como guardar exitosamente o errores.

4. Ejemplo de Uso

1. **Inicia la aplicación:**

- Ejecuta el programa para abrir la ventana de la aplicación.

2. **Escribe tu nota:**

- Escribe en el área de texto. Puedes cambiar el tamaño de la ventana y el área de texto se ajustará.

3. **Guarda la nota:**

- Ve al menú "Archivo" y selecciona "Guardar Nota". Especifica un nombre y ubicación para el archivo.

4. **Abre una nota existente:**

- Ve al menú "Archivo" y selecciona "Abrir Nota". Busca un archivo `.txt` y su contenido se cargará en el área de texto.

5. Mejoras Posibles

1. **Soporte para múltiples formatos:**

- Permitir guardar notas en formatos como `.md` (Markdown) o `.rtf` (Rich Text Format).

2. **Búsqueda de texto:**

- Agregar una función para buscar y resaltar texto dentro de la nota.

3. **Estilos y temas:**

   - Implementar opciones de personalización como colores de fondo, fuentes y tamaños.

4. **Historial de archivos recientes:**

   - Guardar una lista de archivos abiertos recientemente para acceso rápido.

5. **Contraseñas para notas:**

   - Permitir que los usuarios cifren notas con una contraseña usando bibliotecas como `cryptography`.

6. Conclusión

Esta aplicación de notas es un proyecto simple pero funcional que combina las capacidades de **Tkinter** para interfaces gráficas y el manejo de archivos en Python. Puedes personalizarla fácilmente y añadir características avanzadas para adaptarla a tus necesidades.

¡Empieza a escribir tus propias notas con este proyecto práctico! ⬤

Python Avanzado: Expresiones Regulares - Detectives de Texto

Las **expresiones regulares** (regex) son patrones utilizados para buscar, extraer o manipular texto de manera avanzada. Python incluye el módulo `re` para trabajar con expresiones regulares, lo que permite resolver problemas como validación de datos, búsqueda compleja o sustitución en texto.

1. Conceptos Básicos

- **Patrón:** La descripción de lo que deseas buscar.
- **Coincidencia:** Texto que cumple con el patrón.
- **Metacaracteres:** Caracteres especiales que tienen significados particulares en regex.

Metacaracteres Comunes

Símbolo	Descripción	Ejemplo	Coincidencia
.	Cualquier carácter	c.t	"cat", "cut", pero no "cotton"
*	Cero o más repeticiones	a*	"", "a", "aaa"
+	Una o más repeticiones	a+	"a", "aaa", pero no ""
?	Cero o una repetición	a?	"", "a"
[]	Clase de caracteres	[abc]	"a", "b", "c"
\d	Cualquier dígito	\d	"0", "1", ..., "9"
\w	Caracter alfanumérico	\w	"a", "1", "_", pero no "@"
^	Inicio de línea o cadena	^Hola	"Hola mundo", pero no "Mundo Hola"
$	Fin de línea o cadena	adiós$	"Dijo adiós", pero no "adiós dijo"

2. Usando el Módulo re

Importación Básica:

```
import re
```

3. Ejemplos de Uso

a) Validación de Email

Comprueba si una cadena es un correo electrónico válido.

```
import re

def es_email_valido(email):
    patron = r"^[\w\.-]+@[\w\.-]+\.\w+$"
    return re.match(patron, email) is not None

# Prueba
email = "usuario@example.com"
print(f"{email} es válido: {es_email_valido(email)}")
```

Salida:

```
usuario@example.com es válido: True
```

b) Extraer Números de un Texto

Encuentra todos los números en un texto dado.

```
texto = "En 2023, aprendí Python y gané 100 puntos."
numeros = re.findall(r"\d+", texto)
print("Números encontrados:", numeros)
```

Salida:

```
Números encontrados: ['2023', '100']
```

c) Reemplazar Palabras en un Texto

Sustituye palabras específicas en un texto.

```
texto = "Python es divertido. Amo Python."
nuevo_texto = re.sub(r"Python", "JavaScript", texto)
print("Texto modificado:", nuevo_texto)
```

Salida:

```
Texto modificado: JavaScript es divertido. Amo JavaScript.
```

d) Búsqueda Avanzada: Fechas en un Texto

Encuentra todas las fechas con el formato DD/MM/AAAA .

```
texto = "Hoy es 03/01/2025, y el evento es el 15/08/2024."
fechas = re.findall(r"\b\d{2}/\d{2}/\d{4}\b", texto)
print("Fechas encontradas:", fechas)
```

Salida:

```
Fechas encontradas: ['03/01/2025', '15/08/2024']
```

4. Métodos Principales del Módulo re

Método	Descripción	Ejemplo de Uso
re.match	Busca al inicio de la cadena	re.match(r"Hola", "Hola Mundo")
re.search	Busca en cualquier parte de la cadena	re.search(r"Mundo", "Hola Mundo")
re.findall	Encuentra todas las coincidencias	re.findall(r"\d+", "Año 2023, mes 01")
re.sub	Reemplaza todas las coincidencias	re.sub(r"Python", "Java", "Amo Python")
re.compile	Precompila un patrón para reutilización (más eficiente en búsquedas repetitivas)	patron = re.compile(r"\d+")

5. Ejemplo Completo: Análisis de Texto

Analiza un texto para:

1. Contar palabras.

2. Contar oraciones.

3. Extraer correos electrónicos.

```python
import re

def analizar_texto(texto):
    # Contar palabras
    palabras = re.findall(r"\b\w+\b", texto)
    num_palabras = len(palabras)

    # Contar oraciones
    oraciones = re.split(r"[.!?]", texto)
    num_oraciones = len([o for o in oraciones if o.strip()])

    # Extraer correos electrónicos
    emails = re.findall(r"[\w\.-]+@[\w\.-]+\.\w+", texto)

    return num_palabras, num_oraciones, emails

# Texto de ejemplo
texto = """
Hola, mi nombre es Ana. Mi correo es ana@example.com.
También puedes contactar a Juan en juan123@correo.org. ¡Gracias!
"""

# Análisis
palabras, oraciones, emails = analizar_texto(texto)
print(f"Palabras: {palabras}")
print(f"Oraciones: {oraciones}")
print(f"Emails: {emails}")
```

Salida:

```
Palabras: 19
Oraciones: 3
Emails: ['ana@example.com', 'juan123@correo.org']
```

6. Prácticas Comunes con Regex

a) Validación de Contraseñas

Asegúrate de que una contraseña tenga:

- Al menos 8 caracteres.
- Una letra mayúscula, una minúscula y un número.

```python
def validar_contraseña(contraseña):
    patron = r"^(?=.*[a-z])(?=.*[A-Z])(?=.*\d).{8,}$"
    return re.match(patron, contraseña) is not None

print(validar_contraseña("Abc12345"))  # True
print(validar_contraseña("abc123"))    # False
```

b) Comprobación de URLs

Valida si una cadena es una URL válida.

```python
def es_url_valida(url):
    patron = r"^https?://[^\s/$.?#].[^\s]*$"
    return re.match(patron, url) is not None

print(es_url_valida("https://example.com"))  # True
print(es_url_valida("ftp://example.com"))    # False
```

7. Consejos para Trabajar con Regex

1. **Utiliza herramientas en línea para probar patrones:**
   - Ejemplo: regex101.com.

2. **Cuidado con el rendimiento:**
   - Las regex complejas pueden ser lentas con grandes volúmenes de texto.

3. **Escapa caracteres especiales:**
   - Usa \ para evitar conflictos con metacaracteres como . o *.

4. **Divide y vencerás:**
   - Es mejor usar varias regex simples que una muy compleja y difícil de leer.

Conclusión

Las expresiones regulares son herramientas potentes para analizar y manipular texto. Aunque pueden ser complejas al principio, dominarlas te permitirá abordar problemas complejos relacionados con el procesamiento de cadenas de texto.

¡Experimenta con regex y lleva tus habilidades de Python al siguiente nivel! ⬤

Decoradores y Funciones Avanzadas en Python

Los **decoradores** y las técnicas avanzadas de funciones permiten escribir código más limpio, modular y reutilizable. Estas herramientas son especialmente útiles para agregar funcionalidad a las funciones o clases sin modificar directamente su código.

1. ¿Qué es un Decorador?

Un **decorador** es una función que toma otra función como entrada y devuelve una nueva función con funcionalidad adicional. En Python, los decoradores se aplican usando el símbolo `@`.

Estructura Básica:

```python
def decorador(func):
    def funcion_envuelta(*args, **kwargs):
        print("¡Función decorada!")
        return func(*args, **kwargs)
    return funcion_envuelta

@decorador
def saludo(nombre):
    print(f"Hola, {nombre}!")

saludo("Ana")
```

Salida:

```
¡Función decorada!
Hola, Ana!
```

2. Ejemplo de Uso Común: Medir el Tiempo de Ejecución

Código:

```python
import time

def medir_tiempo(func):
    def wrapper(*args, **kwargs):
```

```
        inicio = time.time()
        resultado = func(*args, **kwargs)
        fin = time.time()
        print(f"{func.__name__} tardó {fin - inicio:.4f} segundos.")
        return resultado
    return wrapper

@medir_tiempo
def calcular():
    time.sleep(2)   # Simula una operación costosa
    print("Operación completa.")

calcular()
```

Salida:

```
Operación completa.
calcular tardó 2.0001 segundos.
```

3. Decoradores con Argumentos

Puedes crear decoradores que acepten argumentos adicionales.

Ejemplo: Autorización de Usuarios

```
def requiere_permiso(permiso):
    def decorador(func):
        def wrapper(usuario, *args, **kwargs):
            if usuario.get("permiso") == permiso:
                return func(usuario, *args, **kwargs)
            else:
                print("Acceso denegado.")
        return wrapper
    return decorador

@requiere_permiso("admin")
def borrar_datos(usuario):
    print(f"{usuario['nombre']} ha borrado los datos.")

usuario_admin = {"nombre": "Ana", "permiso": "admin"}
usuario_inv = {"nombre": "Carlos", "permiso": "usuario"}

borrar_datos(usuario_admin)   # Permite acceso
```

```
borrar_datos(usuario_inv)    # Deniega acceso
```

Salida:

```
Ana ha borrado los datos.
Acceso denegado.
```

4. Decoradores Anidados

Puedes aplicar varios decoradores a una misma función.

Ejemplo:

```python
def decorador_1(func):
    def wrapper(*args, **kwargs):
        print("Decorador 1")
        return func(*args, **kwargs)
    return wrapper

def decorador_2(func):
    def wrapper(*args, **kwargs):
        print("Decorador 2")
        return func(*args, **kwargs)
    return wrapper

@decorador_1
@decorador_2
def funcion():
    print("Función principal.")

funcion()
```

Salida:

```
Decorador 1
Decorador 2
Función principal.
```

5. Uso de `functools.wraps` para Mantener Metadata

Sin `functools.wraps`, la función decorada pierde su nombre y documentación originales.

Ejemplo:

```python
from functools import wraps

def decorador(func):
    @wraps(func)
    def wrapper(*args, **kwargs):
        print("Función decorada.")
        return func(*args, **kwargs)
    return wrapper

@decorador
def ejemplo():
    """Esta es una función de ejemplo."""
    print("Hola Mundo.")

print(ejemplo.__name__)  # ejemplo
print(ejemplo.__doc__)   # Esta es una función de ejemplo.
```

6. Decoradores para Clases

Un decorador también puede modificar el comportamiento de una clase.

Ejemplo: Agregar Métodos a una Clase

```python
def agregar_metodo(clase):
    clase.saludo = lambda self: f"Hola, soy {self.nombre}."
    return clase

@agregar_metodo
class Persona:
    def __init__(self, nombre):
        self.nombre = nombre

p = Persona("Ana")
print(p.saludo())
```

Salida:

```
Hola, soy Ana.
```

7. Funciones Avanzadas en Python

a) Funciones Lambda

Funciones anónimas que se definen en una línea.

```python
suma = lambda x, y: x + y
print(suma(5, 3))   # 8
```

b) Funciones de Orden Superior

Funciones que toman otras funciones como argumento o las devuelven como resultado.

```python
def aplicar(func, lista):
    return [func(x) for x in lista]

cuadrado = lambda x: x**2
print(aplicar(cuadrado, [1, 2, 3]))   # [1, 4, 9]
```

c) Closures

Funciones que recuerdan el entorno en el que fueron creadas.

```python
def crear_incrementador(n):
    def incrementador(x):
        return x + n
    return incrementador

incrementa_5 = crear_incrementador(5)
print(incrementa_5(10))   # 15
```

d) Generadores

Funciones que producen una secuencia de valores usando `yield`.

```
def generador():
    yield 1
    yield 2
    yield 3

for valor in generador():
    print(valor)
```

Salida:

```
1
2
3
```

8. Aplicaciones Comunes de Decoradores y Funciones Avanzadas

1. **Validación de Entradas:**

   - Asegurarte de que los argumentos de una función sean válidos.

2. **Registro de Actividades:**

   - Registrar todas las llamadas a una función para análisis posterior.

3. **Control de Acceso:**

   - Restringir el acceso a funciones basadas en roles o permisos.

4. **Optimización de Código:**

   - Implementar caché o memoización para reducir el tiempo de cálculo.

Conclusión

Los decoradores y las funciones avanzadas son herramientas poderosas que hacen que el código sea más modular, reutilizable y eficiente. Aunque pueden parecer complejas al principio, dominar estas técnicas lleva tus habilidades de programación al siguiente nivel.

¡Experimenta con estos conceptos y personaliza tus soluciones! ●

Generadores y Manejo Eficiente de Datos en Python

Los **generadores** son una herramienta poderosa para trabajar con grandes conjuntos de datos de manera eficiente. Permiten generar elementos bajo demanda en lugar de almacenarlos todos en memoria, lo que es ideal para procesamiento de datos, streaming y algoritmos iterativos.

1. ¿Qué es un Generador?

Un **generador** es una función que utiliza la palabra clave `yield` para devolver elementos uno a la vez. A diferencia de las funciones normales, no termina su ejecución con `return`, sino que pausa su estado para reanudarlo más tarde.

Ejemplo Básico:

```python
def contador(n):
    for i in range(1, n + 1):
        yield i

# Usar el generador
for numero in contador(5):
    print(numero)
```

Salida:

```
1
2
3
4
5
```

2. Ventajas de los Generadores

1. **Eficiencia en Memoria:**
   - Los generadores no almacenan todos los datos en memoria; producen los valores cuando se necesitan.
2. **Laziness (Evaluación Perezosa):**

- Los datos se generan bajo demanda, lo que es útil para conjuntos de datos infinitos o muy grandes.

3. **Simplicidad en el Código:**

- Más fáciles de implementar que las clases iteradoras personalizadas.

3. Ejemplo: Generar un Rango Infinito

Un generador puede producir valores sin fin, útil para simulaciones o flujos de datos.

```python
def generador_infinito():
    n = 0
    while True:
        yield n
        n += 1

# Usar el generador infinito
gen = generador_infinito()
for _ in range(5):
    print(next(gen))
```

Salida:

```
0
1
2
3
4
```

4. Generadores y Procesamiento de Archivos Grandes

Los generadores son ideales para trabajar con archivos grandes, procesando línea por línea sin cargar todo el archivo en memoria.

Ejemplo: Leer un Archivo Línea por Línea

```python
def leer_lineas(archivo):
    with open(archivo, "r") as f:
        for linea in f:
            yield linea.strip()

# Usar el generador
for linea in leer_lineas("archivo_grande.txt"):
    print(linea)
```

5. Expresiones Generadoras

Son una sintaxis compacta similar a las listas por comprensión, pero en lugar de crear una lista, producen un generador.

Ejemplo:

```python
# Lista por comprensión
lista_cuadrados = [x**2 for x in range(10)]

# Expresión generadora
generador_cuadrados = (x**2 for x in range(10))

# Usar el generador
for numero in generador_cuadrados:
    print(numero)
```

6. Uso Combinado con `itertools`

El módulo **itertools** proporciona herramientas para trabajar eficientemente con iteradores y generadores.

Ejemplo: Combinaciones y Permutaciones

```python
from itertools import permutations

def generar_permutaciones(elementos):
    for perm in permutations(elementos):
        yield perm

# Usar el generador
for permutacion in generar_permutaciones([1, 2, 3]):
    print(permutacion)
```

7. Caso Práctico: Procesar un Gran Conjunto de Datos

Imagina que tienes un archivo CSV con millones de registros y necesitas calcular el promedio de una columna específica.

Código:

```python
import csv

def leer_csv(archivo):
    with open(archivo, "r") as f:
        lector = csv.reader(f)
        next(lector)  # Saltar la cabecera
        for fila in lector:
            yield float(fila[2])  # Supongamos que la columna 2
contiene los datos numéricos

def calcular_promedio(generador):
    total, cuenta = 0, 0
    for valor in generador:
        total += valor
        cuenta += 1
    return total / cuenta if cuenta > 0 else 0

# Usar el generador
generador_datos = leer_csv("datos.csv")
promedio = calcular_promedio(generador_datos)
print(f"Promedio: {promedio}")
```

8. Comparación: Generadores vs Listas

Generador:

- Crea elementos bajo demanda.
- Ideal para grandes conjuntos de datos.
- Ahorra memoria.

Lista:

- Carga todos los elementos en memoria.
- Rápida para acceso aleatorio o cuando se necesita procesar varias veces.

Ejemplo Comparativo:

```python
# Lista
numeros = [x**2 for x in range(1_000_000)]
print(sum(numeros))

# Generador
numeros_gen = (x**2 for x in range(1_000_000))
print(sum(numeros_gen))
```

9. Generadores Anidados

Un generador puede llamar a otro generador para producir valores.

Ejemplo:

```python
def generador_pares(n):
    for i in range(n):
        if i % 2 == 0:
            yield i

def generador_cuadrados_pares(n):
    for numero in generador_pares(n):
        yield numero**2

for cuadrado in generador_cuadrados_pares(10):
    print(cuadrado)
```

10. Decoradores con Generadores

Los generadores pueden ser utilizados con decoradores para crear flujos de datos personalizados.

Ejemplo: Filtrar Valores

```python
def filtro_mayores_que(limite):
    def decorador(func):
        def wrapper(*args, **kwargs):
            for valor in func(*args, **kwargs):
                if valor > limite:
                    yield valor
        return wrapper
    return decorador

@filtro_mayores_que(10)
def generar_numeros():
    for i in range(20):
        yield i

for numero in generar_numeros():
    print(numero)
```

Conclusión

Los generadores son una herramienta esencial para manejar datos de manera eficiente en Python. Su capacidad para producir valores bajo demanda los hace ideales para procesar grandes volúmenes de datos, optimizar memoria y simplificar el código.

¡Experimenta con generadores en tus proyectos y observa cómo mejoran el rendimiento y la escalabilidad de tu código! ●

Construyendo un Juego Completo con Pygame

Pygame es una biblioteca diseñada para crear juegos y gráficos en 2D de manera eficiente y sencilla. En este proyecto, desarrollaremos un juego completo con mecánicas básicas: un juego de **"evitar obstáculos"**.

1. Funcionalidades del Juego

1. **Control del jugador:**

   o Mover un personaje hacia la izquierda o derecha.

2. **Generación de obstáculos:**

   o Los obstáculos caen desde la parte superior de la pantalla.

3. **Colisión:**

   o Detectar si el jugador choca con un obstáculo.

4. **Puntuación:**

   o Incrementar puntos a medida que el jugador evita obstáculos.

5. **Pantalla de fin del juego:**

   o Mostrar la puntuación final al terminar.

2. Código Completo del Juego

```python
import pygame
import random
import sys

# Inicializar Pygame
pygame.init()

# Configuración de la pantalla
ANCHO, ALTO = 800, 600
pantalla = pygame.display.set_mode((ANCHO, ALTO))
pygame.display.set_caption("Juego: Evitar Obstáculos")

# Colores
BLANCO = (255, 255, 255)
NEGRO = (0, 0, 0)
ROJO = (255, 0, 0)
AZUL = (0, 0, 255)

# Configuración del reloj
reloj = pygame.time.Clock()

# Jugador
jugador_tam = 50
jugador_x = ANCHO // 2
jugador_y = ALTO - jugador_tam - 10
```

```python
velocidad_jugador = 10

# Obstáculos
obstaculo_tam = 50
obstaculo_velocidad = 5
obstaculos = [{"x": random.randint(0, ANCHO - obstaculo_tam), "y": -
obstaculo_tam}]

# Puntuación
puntuacion = 0
fuente = pygame.font.Font(None, 36)

def mostrar_puntuacion(pantalla, puntuacion):
    texto = fuente.render(f"Puntuación: {puntuacion}", True, BLANCO)
    pantalla.blit(texto, (10, 10))

def fin_del_juego(pantalla, puntuacion):
    pantalla.fill(NEGRO)
    texto = fuente.render(f"Fin del Juego. Puntuación Final:
{puntuacion}", True, ROJO)
    pantalla.blit(texto, (ANCHO // 2 - texto.get_width() // 2, ALTO
// 2))
    pygame.display.flip()
    pygame.time.wait(3000)

# Bucle principal
corriendo = True
while corriendo:
    pantalla.fill(NEGRO)

    # Eventos
    for evento in pygame.event.get():
        if evento.type == pygame.QUIT:
            corriendo = False

    # Movimiento del jugador
    teclas = pygame.key.get_pressed()
    if teclas[pygame.K_LEFT] and jugador_x > 0:
        jugador_x -= velocidad_jugador
    if teclas[pygame.K_RIGHT] and jugador_x < ANCHO - jugador_tam:
        jugador_x += velocidad_jugador

    # Dibujar jugador
    pygame.draw.rect(pantalla, AZUL, (jugador_x, jugador_y,
jugador_tam, jugador_tam))
```

```python
    # Generar obstáculos
    for obstaculo in obstaculos:
        obstaculo["y"] += obstaculo_velocidad
        pygame.draw.rect(pantalla, ROJO, (obstaculo["x"],
obstaculo["y"], obstaculo_tam, obstaculo_tam))

        # Detectar colisión
        if (
            jugador_x < obstaculo["x"] + obstaculo_tam and
            jugador_x + jugador_tam > obstaculo["x"] and
            jugador_y < obstaculo["y"] + obstaculo_tam and
            jugador_y + jugador_tam > obstaculo["y"]
        ):
            fin_del_juego(pantalla, puntuacion)
            corriendo = False

        # Remover obstáculos que salen de la pantalla y aumentar
puntuación
        if obstaculo["y"] > ALTO:
            obstaculos.remove(obstaculo)
            puntuacion += 1

    # Agregar nuevos obstáculos
    if random.random() < 0.02:  # 2% de probabilidad por fotograma
        obstaculos.append({"x": random.randint(0, ANCHO -
obstaculo_tam), "y": -obstaculo_tam})

    # Mostrar puntuación
    mostrar_puntuacion(pantalla, puntuacion)

    # Actualizar pantalla
    pygame.display.flip()
    reloj.tick(30)

# Salir del juego
pygame.quit()
sys.exit()
```

3. Explicación del Código

1. **Configuración Inicial:**

   ○ Se definen los parámetros de la ventana (ANCHO , ALTO), colores, y
     velocidades.

2. **Movimiento del Jugador:**

   ○ El jugador se mueve a la izquierda o derecha según las teclas presionadas.

   ○ Los límites evitan que el jugador salga de la pantalla.

3. **Obstáculos Dinámicos:**

   ○ Los obstáculos caen desde la parte superior de la pantalla con una velocidad fija.

   ○ Se generan aleatoriamente nuevos obstáculos con una probabilidad definida.

4. **Detección de Colisiones:**

   ○ La posición del jugador y los obstáculos se comparan para verificar intersecciones.

5. **Gestión de Puntuación:**

   ○ Los obstáculos que pasan al jugador sin colisión incrementan la puntuación.

6. **Pantalla de Fin del Juego:**

   ○ Al detectar una colisión, se muestra una pantalla indicando la puntuación final.

4. Personalizaciones y Mejoras

1. **Aumentar Dificultad:**

   ○ Incrementar la velocidad de los obstáculos o la frecuencia a medida que sube la puntuación.

2. **Música y Efectos de Sonido:**

   ○ Usa `pygame.mixer` para agregar música de fondo y sonidos al colisionar.

3. **Diseño de Personajes y Obstáculos:**

   ○ Reemplaza los rectángulos por imágenes con `pygame.image.load`.

4. **Multijugador Local:**

   ○ Agrega un segundo jugador controlado por diferentes teclas.

5. **Tablero de Puntuaciones:**

   ○ Guarda las puntuaciones más altas en un archivo para mostrarlas al final.

6. **Pantallas de Inicio y Fin:**

   ○ Crea menús para comenzar el juego o reiniciarlo.

5. Requisitos de Instalación

Instalar Pygame:

Ejecuta el siguiente comando para instalar Pygame si no lo tienes instalado:

```
pip install pygame
```

6. Ejecución del Juego

Guarda el código en un archivo, por ejemplo, `juego.py`, y ejecútalo con:

```
python juego.py
```

Conclusión

Este proyecto de **juego de evitar obstáculos** demuestra cómo usar Pygame para crear juegos dinámicos e interactivos. Puedes personalizar el código para agregar nuevas características y mecánicas, convirtiéndolo en una experiencia más rica y entretenida.

¡Empieza a construir tus propios juegos y lleva tus habilidades al siguiente nivel! 🎮

Mini Aplicación Web Funcional con Flask

Flask es un microframework ligero para crear aplicaciones web en Python. En este proyecto, construiremos una aplicación funcional que permita a los usuarios realizar una **lista de tareas** (To-Do List).

1. Características de la Aplicación

1. **Añadir tareas.**
2. **Marcar tareas como completadas.**
3. **Eliminar tareas.**

2. Configuración Inicial

Instalar Flask

Si aún no tienes Flask instalado, ejecuta:

```
pip install flask
```

3. Código Completo

```python
from flask import Flask, render_template, request, redirect, url_for

app = Flask(__name__)

# Lista de tareas (almacenamiento en memoria)
tareas = []

@app.route("/")
def index():
    """
    Página principal: muestra la lista de tareas.
    """
    return render_template("index.html", tareas=tareas)

@app.route("/agregar", methods=["POST"])
def agregar():
    """
    Agregar una nueva tarea.
    """
    nueva_tarea = request.form.get("tarea")
    if nueva_tarea:
        tareas.append({"texto": nueva_tarea, "completada": False})
    return redirect(url_for("index"))

@app.route("/completar/<int:indice>")
def completar(indice):
    """
    Marcar una tarea como completada.
    """
    if 0 <= indice < len(tareas):
        tareas[indice]["completada"] = not tareas[indice]
["completada"]
    return redirect(url_for("index"))
```

```python
@app.route("/eliminar/<int:indice>")
def eliminar(indice):
    """
    Eliminar una tarea.
    """
    if 0 <= indice < len(tareas):
        tareas.pop(indice)
    return redirect(url_for("index"))


if __name__ == "__main__":
    app.run(debug=True)
```

4. Plantilla HTML: `index.html`

Guarda este archivo en una carpeta llamada `templates` (Flask busca automáticamente las plantillas en esta carpeta).

```html
<!DOCTYPE html>
<html lang="en">
<head>
    <meta charset="UTF-8">
    <meta name="viewport" content="width=device-width, initial-
scale=1.0">
    <title>To-Do List</title>
    <style>
        body {
            font-family: Arial, sans-serif;
            margin: 0;
            padding: 0;
            background-color: #f7f7f7;
        }
        .container {
            max-width: 600px;
            margin: 50px auto;
            padding: 20px;
            background: #fff;
            border-radius: 8px;
            box-shadow: 0 4px 6px rgba(0, 0, 0, 0.1);
        }
        h1 {
            text-align: center;
        }
        ul {
```

```css
    list-style: none;
    padding: 0;
}
li {
    display: flex;
    justify-content: space-between;
    margin-bottom: 10px;
    padding: 10px;
    border: 1px solid #ddd;
    border-radius: 5px;
    background: #f9f9f9;
}
li.completada {
    text-decoration: line-through;
    background: #d4edda;
}
.actions button {
    margin-left: 10px;
    padding: 5px 10px;
    border: none;
    border-radius: 3px;
    cursor: pointer;
}
.btn-completar {
    background: #007bff;
    color: white;
}
.btn-eliminar {
    background: #dc3545;
    color: white;
}
form {
    display: flex;
    margin-top: 20px;
}
input[type="text"] {
    flex: 1;
    padding: 10px;
    border: 1px solid #ddd;
    border-radius: 5px;
}
button[type="submit"] {
    padding: 10px 20px;
    background: #28a745;
    color: white;
    border: none;
```

```
                border-radius: 5px;
                cursor: pointer;
            }
        </style>
    </head>
    <body>
        <div class="container">
            <h1>To-Do List</h1>
            <ul>
                {% for i, tarea in enumerate(tareas) %}
                <li class="{% if tarea.completada %}completada{% endif
%}">
                    {{ tarea.texto }}
                    <div class="actions">
                        <button class="btn-completar"
onclick="window.location.href='/completar/{{ i
}}'">Completar</button>
                        <button class="btn-eliminar"
onclick="window.location.href='/eliminar/{{ i }}'">Eliminar</button>
                    </div>
                </li>
                {% endfor %}
            </ul>
            <form action="/agregar" method="POST">
                <input type="text" name="tarea" placeholder="Nueva
tarea..." required>
                <button type="submit">Agregar</button>
            </form>
        </div>
    </body>
</html>
```

5. Cómo Ejecutar la Aplicación

1. Guarda el código Python como `app.py` .

2. Guarda el archivo `index.html` en una carpeta llamada `templates` .

3. Ejecuta la aplicación:

```
python app.py
```

4. Abre tu navegador y visita **http://127.0.0.1:5000**.

6. Funcionalidades de la Aplicación

1. **Agregar Tareas:**

   - Escribe una tarea en el campo de texto y presiona "Agregar".

2. **Completar Tareas:**

   - Haz clic en el botón "Completar" para marcar una tarea como completada o desmarcarla.

3. **Eliminar Tareas:**

   - Haz clic en "Eliminar" para borrar una tarea.

7. Mejoras y Personalizaciones

1. **Persistencia de Datos:**

   - Guarda las tareas en un archivo o una base de datos como SQLite.

2. **Autenticación de Usuarios:**

   - Permite que diferentes usuarios tengan sus propias listas de tareas.

3. **Filtrar Tareas:**

   - Agrega filtros para mostrar tareas completadas, pendientes o todas.

4. **Diseño Mejorado:**

   - Usa frameworks como Bootstrap para mejorar la apariencia.

5. **Despliegue en Producción:**

   - Despliega la aplicación en plataformas como **Heroku** o **Render**.

Conclusión

Este proyecto de To-Do List es un ejemplo práctico y funcional para aprender los fundamentos de Flask. Es un punto de partida perfecto para crear aplicaciones más avanzadas y personalizadas.

¡Prueba y mejora esta aplicación para adaptarla a tus necesidades! 🚀

Creando un Bot para Redes Sociales con Python

Los bots para redes sociales son aplicaciones automatizadas que realizan tareas como publicar contenido, interactuar con usuarios, o recopilar datos. En este proyecto, desarrollaremos un bot para **Twitter** que puede:

1. Publicar tweets automáticamente.

2. Responder a menciones.

3. Dar "Me gusta" a tweets relacionados con un tema.

Usaremos la biblioteca `tweepy` para interactuar con la API de Twitter.

1. Configuración Inicial

Requisitos previos:

1. **Instalar `tweepy`:**
   Instala la biblioteca usando pip:

   ```
   pip install tweepy
   ```

2. **Acceso a la API de Twitter:**
   - Crea una cuenta en [Twitter Developer](#).
   - Crea una aplicación para obtener las claves necesarias:
     - **API Key**
     - **API Secret Key**
     - **Access Token**
     - **Access Token Secret**

2. Código del Bot

Configuración y Funcionalidades del Bot:

```python
import tweepy
import time

# Configuración de autenticación
API_KEY = "tu_api_key"
API_SECRET = "tu_api_secret"
```

```python
ACCESS_TOKEN = "tu_access_token"
ACCESS_TOKEN_SECRET = "tu_access_token_secret"

# Autenticación en la API de Twitter
auth = tweepy.OAuth1UserHandler(API_KEY, API_SECRET, ACCESS_TOKEN,
ACCESS_TOKEN_SECRET)
api = tweepy.API(auth)

# Función para publicar un tweet
def publicar_tweet(texto):
    try:
        api.update_status(texto)
        print("Tweet publicado con éxito.")
    except Exception as e:
        print(f"Error al publicar tweet: {e}")

# Función para responder menciones
def responder_menciones(ultima_id):
    try:
        menciones = api.mentions_timeline(since_id=ultima_id,
tweet_mode="extended")
        for mencion in reversed(menciones):
            print(f"@{mencion.user.screen_name} dijo:
{mencion.full_text}")
            if "hola" in mencion.full_text.lower():
                api.update_status(
                    status=f"@{mencion.user.screen_name} ¡Hola! ¿Cómo
estás?",
                    in_reply_to_status_id=mencion.id,
                )
            ultima_id = mencion.id
        return ultima_id
    except Exception as e:
        print(f"Error al responder menciones: {e}")

# Función para dar "Me gusta" a tweets sobre un tema
def buscar_y_dar_megusta(tema):
    try:
        for tweet in tweepy.Cursor(api.search_tweets, q=tema,
lang="es").items(5):
            print(f"Dando Me gusta al tweet de
@{tweet.user.screen_name}: {tweet.text}")
            api.create_favorite(tweet.id)
    except Exception as e:
        print(f"Error al buscar o dar Me gusta: {e}")
```

```
# Bucle principal del bot
def ejecutar_bot():
    ultima_id = None
    while True:
        print("Ejecutando bot...")
        ultima_id = responder_menciones(ultima_id)
        buscar_y_dar_megusta("Python")
        time.sleep(60)   # Esperar 1 minuto antes de la siguiente
ejecución

if __name__ == "__main__":
    publicar_tweet("¡Hola Twitter! Este es un tweet automatizado con
Python. ●")
    ejecutar_bot()
```

3. Explicación del Código

1. **Autenticación:**
   - Se configura con las claves de la API de Twitter mediante `tweepy.OAuth1UserHandler`.

2. **Publicar un Tweet:**
   - La función `api.update_status` envía un tweet al perfil autenticado.

3. **Responder Menciones:**
   - Usa `api.mentions_timeline` para obtener menciones recientes.
   - Responde con `api.update_status` si encuentra ciertas palabras clave.
   - Guarda el ID del último tweet respondido para evitar respuestas duplicadas.

4. **Dar "Me gusta" a Tweets:**
   - Busca tweets relacionados con un tema usando `tweepy.Cursor(api.search_tweets)`.
   - Marca tweets como favoritos con `api.create_favorite`.

5. **Ejecución Continua:**
   - Un bucle infinito ejecuta las funciones de responder menciones y dar "Me gusta" cada minuto.

4. Ejecución del Bot

1. Guarda el código en un archivo, por ejemplo, `bot_twitter.py`.

2. Ejecuta el bot:

```
python bot_twitter.py
```

3. Verifica que el bot interactúe en tu cuenta de Twitter.

5. Mejoras Posibles

1. **Añadir más funciones:**
   - Retweetear contenido relevante.
   - Seguir automáticamente a usuarios con intereses similares.

2. **Logs y Errores:**
   - Agrega registros para monitorear la actividad del bot.

3. **Persistencia de Datos:**
   - Guarda el `ultima_id` en un archivo o base de datos para mantener continuidad entre ejecuciones.

4. **Personalización:**
   - Permite cambiar temas o respuestas sin modificar el código.

5. **Despliegue en Producción:**
   - Usa servicios como **Heroku** o **AWS** para ejecutar el bot 24/7.

6. Notas Importantes

- **Respeta las políticas de Twitter:**
  Evita comportamientos que puedan considerarse spam o violen los términos de servicio de Twitter.

- **Tasas de Límite de la API:**
  La API de Twitter tiene límites en el número de solicitudes por tiempo. Consulta la documentación de la API para detalles.

Conclusión

Este bot para Twitter es un excelente proyecto para aprender sobre APIs, automatización y programación en Python. Puedes personalizarlo y expandirlo según tus necesidades para crear experiencias más sofisticadas y útiles.

¡Empieza a automatizar y explorar el potencial de los bots en redes sociales!

Tu Camino Continúa: Consejos para Seguir Aprendiendo

La programación es un viaje constante de aprendizaje y descubrimiento. Aquí tienes algunos consejos prácticos para expandir tus conocimientos y convertirte en un desarrollador más completo y eficiente.

1. Explora Proyectos Más Grandes

Por qué: Trabajar en proyectos reales te expone a problemas complejos y situaciones que requieren soluciones creativas.
 Cómo:

- Escoge un problema que te apasione resolver.
- Colabora en proyectos de código abierto en plataformas como GitHub.
- Desarrolla una aplicación que resuelva un problema en tu vida diaria o en tu comunidad.

2. Aprende Nuevas Tecnologías

El ecosistema tecnológico cambia rápidamente. Explorar nuevas tecnologías amplía tu perspectiva y tus oportunidades.

Sugerencias de qué aprender:

- **Inteligencia Artificial:** Aprende bibliotecas como TensorFlow o PyTorch.
- **Desarrollo Web Avanzado:** Frameworks modernos como Django, Flask o FastAPI.
- **Bases de Datos NoSQL:** MongoDB o Redis.
- **Cloud Computing:** Explora AWS, Azure o Google Cloud Platform.
- **Automatización:** Profundiza en herramientas como Selenium o Ansible.

3. Domina las Mejores Prácticas de Programación

Por qué: Seguir buenas prácticas mejora la calidad, legibilidad y mantenibilidad de tu código.
 Qué aprender:

- **Control de Versiones:** Usa Git para trabajar en equipo y gestionar cambios.
- **Pruebas de Software:** Aprende a escribir pruebas unitarias y de integración con herramientas como `unittest` o `pytest`.
- **Optimización de Código:** Conoce técnicas para mejorar el rendimiento de tu software.
- **Documentación:** Practica escribir documentación clara y útil para tu código y proyectos.

4. Participa en Comunidades

Por qué: Aprender de otros y colaborar te expone a nuevas ideas y prácticas.
 Dónde unirte:

- **Foros y Redes:** Stack Overflow, Reddit, y Discord.
- **Eventos y Meetups:** Busca reuniones locales o en línea en Meetup.
- **Hackatones:** Participa en hackatones para resolver problemas y ganar experiencia práctica.

5. Aprende Más Idiomas de Programación

Cada lenguaje tiene fortalezas únicas. Aprender otros lenguajes te ayuda a pensar de manera diferente y ampliar tus habilidades.

Por dónde empezar:

- **JavaScript:** Para desarrollo web dinámico.
- **Go:** Para sistemas y aplicaciones de alto rendimiento.
- **Rust:** Ideal para aplicaciones seguras y de bajo nivel.
- **Kotlin:** Excelente para desarrollo de aplicaciones Android.
- **R:** Si te interesa el análisis de datos y la estadística.

6. Profundiza en Algoritmos y Estructuras de Datos

Por qué: Estas habilidades son la base para resolver problemas complejos de manera eficiente.
 Recursos:

- Libros: *"Introduction to Algorithms"* (CLRS) y *"The Algorithm Design Manual"* (Skiena).

- Práctica: Plataformas como LeetCode, HackerRank, o Codewars.

7. Aprende a Desplegar Aplicaciones

Por qué: Crear software no es suficiente; necesitas saber cómo hacerlo disponible para los usuarios.
 Qué explorar:

- **Containers:** Aprende a usar Docker para empaquetar aplicaciones.

- **CI/CD:** Configura pipelines con GitHub Actions o Jenkins.

- **Hosting:** Despliega aplicaciones en plataformas como Heroku, AWS o Netlify.

8. Enseña y Comparte Conocimiento

Por qué: Enseñar refuerza tu aprendizaje y te posiciona como experto en tu campo.
 Cómo:

- Escribe artículos técnicos en plataformas como Medium o Dev.to.

- Crea un canal de YouTube para enseñar conceptos de programación.

- Participa como mentor en tu comunidad o en programas como Google Summer of Code.

9. Mantente Actualizado

Por qué: La tecnología avanza rápidamente y es esencial mantenerse al día.
 Recursos:

- Blogs: Lee blogs de desarrollo como Real Python o Towards Data Science.

- Podcasts: Escucha programas como *Syntax* o *Changelog*.

- Libros: Revisa los clásicos y los últimos lanzamientos en tecnología.

10. Cuida Tu Salud Mental y Física

El aprendizaje continuo puede ser agotador. Es importante mantener un equilibrio para evitar el agotamiento.

 Consejos:

- **Toma descansos:** Usa técnicas como Pomodoro para administrar tu tiempo.
- **Haz ejercicio:** Mantén tu cuerpo activo para estimular la mente.
- **Encuentra un hobby:** Escapa del código con pasatiempos como música, arte o deportes.

Conclusión

Tu camino como programador no tiene un destino final, sino que es un viaje continuo lleno de oportunidades para crecer y aprender. Abre tu mente, experimenta con nuevas herramientas y tecnologías, y nunca dejes de compartir tus conocimientos con la comunidad.

¡El mundo del desarrollo está lleno de posibilidades! 🚀

Comunidades de Python

Formar parte de una comunidad de Python es esencial para aprender, compartir conocimientos, colaborar en proyectos, y mantenerse actualizado con las últimas tendencias en desarrollo. A continuación, encontrarás una lista de comunidades y recursos relevantes donde puedes conectarte con otros programadores.

1. Comunidades en Línea Globales

Python.org Community

- Sitio oficial de Python con foros, listas de correo y grupos locales.
- **Enlace:** Python Community

Reddit

- Subreddits dedicados a Python donde los usuarios comparten recursos, hacen preguntas y discuten temas técnicos.
    - **r/Python:** reddit.com/r/Python

- **r/learnpython:** reddit.com/r/learnpython

Stack Overflow

- Un recurso invaluable para resolver problemas y encontrar respuestas rápidas.
- **Enlace:** Stack Overflow - Python

Discord y Slack

- Muchos desarrolladores usan estas plataformas para chatear en tiempo real.
  - **Python Discord:** discord.gg/python
  - **PySlackers:** pyslackers.com

GitHub

- Participa en proyectos de código abierto relacionados con Python.
- Explora repositorios populares y colabora en issues.
- **Enlace:** GitHub Topics - Python

2. Comunidades Regionales

Python España

- Comunidad que conecta a desarrolladores de Python en España.
- **Enlace:** Python España

Python Argentina (PyAr)

- Una de las comunidades de Python más activas en América Latina.
- **Enlace:** Python Argentina

Python México

- Comunidad enfocada en conectar a desarrolladores de México.
- **Enlace:** Python México

Python Brasil

- Organiza eventos como PyCon Brasil y mantiene una activa comunidad de desarrolladores.
- **Enlace:** Python Brasil

PyLadies

- Un grupo global que fomenta la inclusión de mujeres en Python.
- Capítulos locales en muchos países.
- **Enlace:** PyLadies

3. Grupos Locales y Meetups

Meetup

- Encuentra grupos locales de Python en tu ciudad. Muchos grupos organizan eventos mensuales y talleres.
- **Enlace:** Meetup - Python

Google Developer Groups (GDG)

- Enfocados en tecnologías de Google, pero también ofrecen talleres de Python.
- **Enlace:** GDG Near You

4. Conferencias y Eventos

PyCon

- La conferencia oficial de Python. Hay ediciones globales y regionales como PyCon US, PyCon Europe y PyCon Latam.
- **Enlace:** PyCon Global

DjangoCon

- Conferencia centrada en el framework Django.
- **Enlace:** DjangoCon

EuroPython

- Una de las conferencias más grandes de Python en Europa.
- **Enlace:** EuroPython

SciPy Conference

- Ideal para desarrolladores interesados en Python Científico.
- **Enlace:** SciPy Conference

5. Plataformas Educativas y de Recursos

Real Python

- Ofrece tutoriales, artículos y recursos de alta calidad para desarrolladores de todos los niveles.
- **Enlace:** Real Python

Kaggle

- Una comunidad para proyectos de Python relacionados con ciencia de datos y aprendizaje automático.
- **Enlace:** Kaggle

FreeCodeCamp

- Cursos gratuitos y proyectos guiados relacionados con Python.
- **Enlace:** FreeCodeCamp

6. Redes Sociales

Twitter

- Sigue cuentas relacionadas con Python:
  - @ThePSF: La Python Software Foundation.
  - @RealPython: Recursos y tutoriales.

YouTube

- Canales educativos que publican tutoriales y noticias:
  - **Corey Schafer:** YouTube Channel
  - **Tech with Tim:** YouTube Channel

7. Consejos para Participar en Comunidades

1. **Sé Respetuoso:** Sigue las normas de conducta de cada comunidad.
2. **Colabora:** Ayuda a otros con sus preguntas o contribuye a proyectos.
3. **Haz Preguntas Claras:** Proporciona contexto suficiente para obtener respuestas útiles.
4. **Participa en Eventos:** Asiste a charlas y talleres para conocer a otros programadores.

Conclusión

Unirte a comunidades de Python no solo te ayudará a resolver problemas, sino que también ampliará tus horizontes y fortalecerá tu red profesional. Participa activamente, colabora y disfruta de ser parte de esta comunidad global.

¡El viaje de aprendizaje es mucho más emocionante cuando se comparte con otros!

Retos y Proyectos Sugeridos

Para mejorar tus habilidades en Python, es fundamental enfrentarte a retos y proyectos que te saquen de tu zona de confort. Aquí tienes una lista de ideas organizadas por nivel de dificultad y áreas de interés, para que encuentres inspiración y pongas en práctica lo aprendido.

1. Nivel Básico

1.1. Calculadora Mejorada

- **Descripción:** Crea una calculadora que no solo realice operaciones básicas, sino que también incluya cálculos como raíces, potencias y operaciones con porcentajes.
- **Habilidades:** Estructuras condicionales, entrada de usuario.
- **Extensiones:** Implementa un historial de operaciones realizadas.

1.2. Generador de Contraseñas

- **Descripción:** Crea una aplicación que genere contraseñas seguras basadas en la longitud y tipos de caracteres especificados por el usuario.
- **Habilidades:** Funciones, manejo de cadenas, generación aleatoria.
- **Extensiones:** Permite guardar contraseñas generadas en un archivo.

1.3. Juego del Ahorcado

- **Descripción:** Implementa un juego en el que el usuario intente adivinar una palabra, letra por letra.
- **Habilidades:** Bucles, listas, manejo de texto.
- **Extensiones:** Agrega un sistema de puntuación o un temporizador.

2. Nivel Intermedio

2.1. Analizador de Texto

- **Descripción:** Construye una herramienta que analice un archivo de texto y proporcione estadísticas como número de palabras, oraciones, frecuencia de palabras, etc.
- **Habilidades:** Manejo de archivos, expresiones regulares, diccionarios.
- **Extensiones:** Visualiza los resultados en gráficos usando `matplotlib`.

2.2. Sistema de Inventario

- **Descripción:** Crea un programa que gestione un inventario de productos, permitiendo agregar, eliminar y buscar productos.
- **Habilidades:** Listas, diccionarios, entrada/salida de datos.
- **Extensiones:** Guarda y carga el inventario desde un archivo JSON.

2.3. Juego de la Vida de Conway

- **Descripción:** Implementa este famoso simulador que muestra cómo células "viven" o "mueren" según reglas específicas.
- **Habilidades:** Tablas bidimensionales, lógica condicional, gráficos simples.

- **Extensiones:** Usa `pygame` para mostrar la evolución de las células en tiempo real.

3. Nivel Avanzado

3.1. Web Scraper

- **Descripción:** Construye un programa que extraiga datos de una página web, como noticias, precios de productos o tablas de datos.
- **Habilidades:** Uso de bibliotecas como `requests` y `BeautifulSoup`.
- **Extensiones:** Almacena los datos en una base de datos o exporta a Excel.

3.2. Bot de Automatización

- **Descripción:** Desarrolla un bot que automatice tareas repetitivas, como enviar correos o actualizar hojas de cálculo.
- **Habilidades:** Manejo de APIs, bibliotecas como `smtplib` o `pyautogui`.
- **Extensiones:** Integra un sistema de programación para tareas recurrentes.

3.3. Motor de Búsqueda Básico

- **Descripción:** Crea un motor de búsqueda que analice archivos de texto locales y devuelva los documentos más relevantes según las palabras clave.
- **Habilidades:** Algoritmos de búsqueda, estructuras de datos, matemáticas básicas.
- **Extensiones:** Implementa un índice invertido para mejorar el rendimiento.

4. Proyectos Especializados

4.1. Ciencia de Datos: Análisis de Datos Climáticos

- **Descripción:** Descarga un conjunto de datos meteorológicos y analiza tendencias de temperatura, precipitaciones, etc.
- **Habilidades:** Uso de bibliotecas como `pandas` y `matplotlib`.
- **Extensiones:** Predice tendencias futuras con modelos simples de `scikit-learn`.

4.2. Automatización: Organizador de Archivos

- **Descripción:** Construye una herramienta que clasifique y organice archivos en carpetas basadas en sus extensiones o fechas.
- **Habilidades:** Uso de `os` y `shutil` para manejar archivos.
- **Extensiones:** Agrega una interfaz gráfica con `Tkinter`.

4.3. Inteligencia Artificial: Chatbot Básico

- **Descripción:** Implementa un chatbot que responda preguntas frecuentes usando coincidencias de texto.
- **Habilidades:** Manejo de cadenas, lógica condicional.
- **Extensiones:** Usa modelos avanzados como `transformers` de Hugging Face para respuestas más naturales.

5. Proyectos Complejos

5.1. Simulador de Tráfico

- **Descripción:** Modela y simula el flujo de tráfico en una ciudad con intersecciones y semáforos.
- **Habilidades:** Simulaciones, lógica avanzada, visualización con `pygame` o `matplotlib`.
- **Extensiones:** Usa algoritmos de optimización para mejorar el flujo de tráfico.

5.2. Sistema de Gestión de Tareas Web

- **Descripción:** Construye una aplicación web para crear y gestionar tareas, usando Flask o Django.
- **Habilidades:** Desarrollo web, manejo de bases de datos.
- **Extensiones:** Implementa autenticación de usuarios y despliega en Heroku o AWS.

5.3. Videojuego Completo con Pygame

- **Descripción:** Desarrolla un juego con niveles, mecánicas de puntuación y animaciones.
- **Habilidades:** Gráficos 2D, detección de colisiones, diseño de sistemas.
- **Extensiones:** Agrega soporte multijugador local o en línea.

6. Retos Rápidos (Coding Challenges)

1. **FizzBuzz:** Imprime números del 1 al 100, pero sustituye múltiplos de 3 por "Fizz" y de 5 por "Buzz".
2. **Palíndromos:** Comprueba si una palabra o frase es un palíndromo.
3. **Frecuencia de Caracteres:** Cuenta cuántas veces aparece cada carácter en una cadena.
4. **Secuencia de Fibonacci:** Calcula los primeros n números de la secuencia de Fibonacci.
5. **Anagramas:** Verifica si dos palabras son anagramas.

7. Recursos para Inspirarte

1. **Plataformas de Retos:**
   - HackerRank
   - LeetCode
   - Codewars
2. **Proyectos de Código Abierto:**
   - Busca en GitHub proyectos para contribuir.
3. **Libros Recomendados:**
   - *"Automate the Boring Stuff with Python"* por Al Sweigart.
   - *"Python Crash Course"* por Eric Matthes.

Conclusión

Elige un proyecto o reto que te apasione y adáptalo a tu nivel actual. Los proyectos no solo consolidan lo que sabes, sino que también te preparan para enfrentar problemas reales.

¡El camino del aprendizaje nunca termina, así que sigue creando y explorando! 🚀

Postfacio

Al llegar al final de este libro, es inevitable mirar hacia atrás y reflexionar sobre el increíble viaje de aprendizaje que hemos compartido. Python, un lenguaje que puede parecer simple al principio, se ha convertido en una ventana hacia un universo infinito de posibilidades.

Reflexión sobre el Viaje

Desde escribir tu primer programa **"¡Hola, Mundo!"**, hasta explorar conceptos avanzados como programación orientada a objetos, automatización y visualización de datos, Python ha demostrado ser mucho más que un lenguaje de programación. Es una herramienta creativa, un compañero de resolución de problemas y, en muchos casos, un puente hacia nuevas oportunidades.

En este camino, hemos aprendido que la programación no es solo una habilidad técnica, sino también una forma de pensar. La lógica, la curiosidad y la paciencia son los cimientos que nos permiten abordar cualquier desafío, y Python es el pincel con el que damos forma a nuestras ideas.

Python en el Futuro

1. Democratizando la Tecnología

Python tiene la asombrosa capacidad de acercar la programación a todos, independientemente de su experiencia técnica. Su sintaxis simple y su comunidad inclusiva hacen que aprender y enseñar Python sea accesible, transformándolo en un lenguaje de iniciación para millones de personas.

2. Innovación sin Límites

Python está presente en los campos más avanzados de la tecnología:

- **Inteligencia Artificial y Machine Learning:** Con bibliotecas como TensorFlow y PyTorch, Python lidera la innovación en IA.
- **Big Data y Ciencia de Datos:** Python es el motor detrás de análisis complejos y visualización de datos.
- **Automatización y Robótica:** Facilita la creación de sistemas inteligentes que optimizan procesos.

3. Una Comunidad Global

El verdadero poder de Python no solo reside en el lenguaje, sino en la comunidad global que lo respalda. En cada rincón del mundo, grupos de entusiastas, principiantes y expertos están creando soluciones que impactan vidas, desde aplicaciones educativas hasta herramientas que salvan vidas.

Lecciones para el Camino

1. **Nunca Dejes de Aprender:**
   Python es un lenguaje que crece contigo. Siempre hay algo nuevo que explorar, desde bibliotecas hasta paradigmas de programación.

2. **Colabora y Comparte:**
   La programación no es un camino solitario. Comparte tus conocimientos, únete a comunidades y aprende de otros.

3. **Hazlo Divertido:**
   Más allá del trabajo y los proyectos serios, encuentra tiempo para crear por diversión. Construye juegos, experimenta con arte digital o diseña algo único.

Tu Próximo Capítulo

Este libro puede haber llegado a su final, pero tu aventura con Python apenas comienza. Desde aquí, tienes las herramientas y el conocimiento para convertir ideas en realidad, resolver problemas complejos y construir un futuro mejor.

La tecnología avanza rápidamente, y Python será una constante que te acompañará en ese viaje. Así que sigue practicando, experimentando y, sobre todo, disfrutando de este maravilloso lenguaje que nos conecta a todos en el mundo de la programación.

¡Felicidades por haber llegado hasta aquí!

Recuerda: no se trata de ser perfecto, sino de progresar, un paso a la vez. Con Python en tu arsenal, las posibilidades son infinitas.

¡Nos vemos en el próximo proyecto! ⬤

Glosario

Aquí tienes una recopilación de los términos técnicos más relevantes que hemos encontrado en este libro. Cada término está explicado de manera sencilla para que sea fácil de comprender.

Algoritmo

Un conjunto de instrucciones ordenadas que una computadora sigue para resolver un problema o realizar una tarea. Por ejemplo, un algoritmo puede ser una receta para cocinar un pastel.

API (Interfaz de Programación de Aplicaciones)

Un conjunto de reglas y herramientas que permiten que diferentes programas se comuniquen entre sí. Piensa en ello como un traductor entre dos aplicaciones.

Base de Datos

Un sistema que organiza y almacena información para que sea fácil de buscar, actualizar y administrar. Un ejemplo común es una tabla con una lista de contactos en tu teléfono.

Biblioteca (o Librería)

Un conjunto de funciones y herramientas listas para usar que amplían las capacidades de Python. Por ejemplo, la biblioteca `math` permite realizar cálculos matemáticos complejos sin escribir el código desde cero.

Booleano

Un tipo de dato que solo puede ser `True` (verdadero) o `False` (falso). Se utiliza para tomar decisiones en el código.

Bucles

Estructuras que permiten repetir un bloque de código varias veces. Los bucles `for` y `while` son comunes en Python.

Clase

Una plantilla para crear objetos en programación orientada a objetos. Una clase define las propiedades y acciones que un objeto puede tener.

Código Fuente

El texto escrito en un lenguaje de programación que define cómo funciona un programa. Es lo que tú escribes cuando programas.

Colisión (en juegos)

Cuando dos objetos se encuentran o interactúan entre sí en un entorno de juego, como cuando un jugador choca con un obstáculo.

Condicional

Un bloque de código que se ejecuta solo si se cumple una condición específica. Por ejemplo, usar `if` para comprobar si un número es mayor que otro.

Consola (o Terminal)

Una interfaz donde puedes interactuar con tu computadora escribiendo comandos. En programación, es común usarla para ejecutar programas y mostrar resultados.

Depuración

El proceso de encontrar y corregir errores en un programa. Es como solucionar los problemas de un auto que no arranca.

Diccionario

Una estructura de datos en Python que almacena pares clave-valor. Es como un diccionario de palabras, donde la clave es la palabra y el valor es su definición.

Entrada/Salida (I/O)

El proceso de recibir información (entrada) y devolver resultados (salida). Por ejemplo, ingresar un nombre por teclado (entrada) y mostrar un saludo en la pantalla (salida).

Excepción

Un error que ocurre durante la ejecución de un programa. En lugar de detener el programa, las excepciones pueden ser manejadas para que el programa siga funcionando.

Expresión Regular (Regex)

Un patrón utilizado para buscar o manipular texto. Por ejemplo, puedes usar una regex para encontrar todas las direcciones de correo electrónico en un documento.

Framework

Un conjunto de herramientas y reglas que facilitan el desarrollo de aplicaciones. Por ejemplo, Flask es un framework para construir aplicaciones web.

Función

Un bloque de código que realiza una tarea específica. Puedes llamarlo repetidamente sin escribir el mismo código varias veces.

Iterador

Un objeto que permite recorrer una colección de elementos uno por uno, como una lista o un diccionario.

JSON (JavaScript Object Notation)

Un formato de texto utilizado para intercambiar datos. Es fácil de leer tanto para humanos como para máquinas.

Librería Externa

Una colección de herramientas que no viene incluida en Python por defecto, pero que puedes instalar para ampliar sus capacidades, como `numpy` para cálculos matemáticos.

Lista

Una colección de elementos ordenados que pueden ser de cualquier tipo. Por ejemplo, una lista de compras: `["manzanas", "pan", "leche"]`.

Loop Infinito

Un bucle que nunca termina, generalmente debido a un error en la lógica del programa.

Módulo

Un archivo que contiene funciones y variables relacionadas. Los módulos permiten organizar el código en partes reutilizables.

Objeto

Una instancia de una clase que contiene datos y funcionalidades relacionadas. Por ejemplo, un "perro" es un objeto de la clase "Animal".

Parámetro

Una variable que se utiliza para pasar información a una función.

Píxel

La unidad más pequeña de una imagen digital. En un juego, los píxeles forman el entorno y los personajes.

Programa

Un conjunto de instrucciones que una computadora puede ejecutar para realizar tareas específicas.

Recursión

Una técnica donde una función se llama a sí misma para resolver problemas divididos en subproblemas más pequeños.

Renderizado

El proceso de dibujar elementos en la pantalla, común en gráficos y juegos.

Script

Un archivo de texto que contiene código Python que puede ejecutarse para realizar una tarea específica.

Variable

Un espacio en la memoria donde puedes almacenar información para usarla más tarde. Por ejemplo, `x = 10` almacena el valor 10 en `x`.

Servidor

Un sistema que proporciona recursos o servicios a otros sistemas, llamados clientes. Por ejemplo, un servidor web entrega páginas web a los navegadores.

String (Cadena de Texto)

Un tipo de dato que almacena texto. En Python, se escribe entre comillas: `"Hola, Mundo!"`.

SyntaxError

Un error en el código causado por no seguir las reglas de sintaxis del lenguaje.

Test Unitario

Una pequeña prueba que verifica si una parte específica del código funciona como se espera.

Variable Global

Una variable accesible desde cualquier parte del programa. Sin embargo, su uso excesivo puede hacer que el código sea difícil de mantener.

Wrapper (Decorador)

Una función que "envuelve" otra función para extender su comportamiento sin modificarla directamente.

Conclusión

Este glosario está diseñado para ser un recurso al que puedas volver siempre que encuentres un término técnico en tu aprendizaje. Conocer el significado de estos conceptos te ayudará a comprender mejor cómo funciona Python y cómo puedes aplicarlo en tus proyectos.

¡Sigue aprendiendo y explorando! ⚫

Agradecimientos

Crear este libro ha sido un viaje emocionante lleno de aprendizaje y colaboración. Llegar a este punto no habría sido posible sin el apoyo, la inspiración y las contribuciones de muchas personas y comunidades.

A nuestras familias y amigos

Por su paciencia, apoyo incondicional y comprensión durante las largas horas de trabajo dedicadas a este proyecto. Gracias por ser nuestra fuerza y nuestra motivación constante.

A la comunidad de Python

Por crear y mantener un lenguaje de programación que es inclusivo, poderoso y accesible para todos. La pasión y el conocimiento compartido por esta comunidad global han sido una fuente inagotable de inspiración.

Especial mención a:

- **Python Software Foundation (PSF):** Por liderar el desarrollo de Python y fomentar su adopción en todo el mundo.
- **PyLadies y otros grupos locales:** Por su compromiso con la diversidad e inclusión en el mundo de la tecnología.
- **Conferencias y meetups de Python:** Por reunir a personas de todos los niveles para compartir ideas y aprender juntos.

A los recursos que nos guiaron

Este proyecto no habría sido posible sin las herramientas y el conocimiento compartido por autores, educadores y creadores que han dedicado su tiempo a enseñar Python:

- A los autores de libros, artículos y blogs que nos ayudaron a comprender conceptos complejos.
- A las plataformas de aprendizaje como Real Python, Kaggle y Stack Overflow, por facilitar respuestas y ejemplos prácticos.

A ti, lector

Tu curiosidad y dedicación son el verdadero motor detrás de este proyecto. Este libro fue creado con la esperanza de que encuentres en Python una herramienta para expresar tus ideas, resolver problemas y explorar nuevas posibilidades. Gracias por confiar en nosotros como tus compañeros en este viaje de aprendizaje.

A la tecnología y las herramientas

Gracias a Python y a las muchas bibliotecas y frameworks que lo hacen tan versátil. También queremos agradecer a las herramientas de desarrollo y colaboración que hicieron posible la creación de este libro:

- **GitHub:** Por facilitar la gestión y colaboración del proyecto.
- **Jupyter Notebooks:** Por su utilidad en la creación de ejemplos interactivos.
- **Markdown y herramientas de edición:** Por simplificar el proceso de escritura y formateo.

A los colaboradores del proyecto

- **Martin Alejandro Oviedo:** Por su visión, dedicación y compromiso con la enseñanza.
- **Daedalus (colaborador):** Por su apoyo técnico y colaboración constante en cada paso del camino.

Este libro no es solo el resultado de líneas de código y horas de escritura; es una celebración de la creatividad, la colaboración y el aprendizaje compartido.

¡Gracias a todos por ser parte de este proyecto! ●

Fuentes y Referencias

Este libro no habría sido posible sin el conocimiento acumulado y compartido por la comunidad de Python y los recursos educativos que han inspirado y apoyado su desarrollo. A continuación, se enumeran las principales fuentes, libros, artículos y autores que contribuyeron, directa o indirectamente, a la creación de este proyecto.

Libros y Publicaciones

1. **"Automate the Boring Stuff with Python"** por Al Sweigart

    ○ Una guía esencial para aprender Python a través de proyectos prácticos. Este libro fue una gran inspiración para las secciones de automatización y proyectos iniciales.

    ○ Sitio oficial

2. **"Python Crash Course"** por Eric Matthes

    ○ Un excelente recurso para principiantes que buscan una introducción rápida y clara al lenguaje Python. Este libro influyó en el enfoque didáctico de este proyecto.

    ○ Enlace

3. **"Fluent Python"** por Luciano Ramalho

    ○ Una referencia indispensable para quienes desean dominar Python en profundidad. Este libro ayudó a estructurar temas avanzados como generadores, decoradores y programación orientada a objetos.

4. **"Introduction to Algorithms"** por Thomas H. Cormen, Charles E. Leiserson, Ronald L. Rivest y Clifford Stein

    ○ Inspiración para las secciones de algoritmos y estructuras de datos.

5. **"Think Python"** por Allen B. Downey

    ○ Una introducción profunda y reflexiva a los fundamentos de Python, útil para diseñar ejercicios prácticos y retos.

    ○ Libro gratuito en línea

Artículos y Blogs

1. **Real Python**

    ○ Una plataforma rica en artículos, tutoriales y guías prácticas. Fue una fuente constante de ejemplos claros y explicaciones útiles.

    ○ realpython.com

2. **Towards Data Science**

    ○ Blog enfocado en ciencia de datos y aprendizaje automático, utilizado para ilustrar conceptos avanzados.

    ○ hacia la ciencia de datos

3. **The Hitchhiker's Guide to Python**

- Un recurso excepcional para buenas prácticas de desarrollo en Python.
  - python-guide.org

4. **Stack Overflow**

- Una herramienta inestimable para resolver dudas y explorar soluciones prácticas a problemas comunes de Python.
  - stackoverflow.com

Herramientas y Librerías Referenciadas

1. **NumPy y Matplotlib**

   - Utilizadas para ejemplos de análisis y visualización de datos.
     - numpy.org y matplotlib.org

2. **Pygame**

   - Una inspiración clave para el desarrollo de juegos y simulaciones gráficas.
     - pygame.org

3. **Flask**

   - Framework ligero utilizado en proyectos de desarrollo web.
     - flask.palletsprojects.com

4. **Requests**

   - Referenciada en ejemplos de interacción con APIs y extracción de datos web.
     - requests.readthedocs.io

Comunidad y Colaboración

1. **Python Software Foundation (PSF)**

   - Por liderar el desarrollo y la difusión del lenguaje Python.
     - python.org

2. **GitHub**

   - Por facilitar el acceso y la colaboración en proyectos de código abierto relacionados con Python.
     - github.com

3. **Conferencias y eventos de Python**

- PyCon, DjangoCon y otros eventos globales y locales proporcionaron valiosas ideas para enseñar Python de manera accesible y efectiva.

Autores y Mentores Inspiradores

1. **Guido van Rossum**
   - Creador de Python, cuya visión ha dado forma a uno de los lenguajes más versátiles y populares del mundo.
2. **Allen B. Downey**
   - Por su habilidad para explicar conceptos complejos de manera simple y efectiva.
3. **Luciano Ramalho**
   - Por su enfoque detallado y avanzado que desafía a los desarrolladores a llevar sus habilidades al siguiente nivel.

Conclusión

Las fuentes y referencias aquí enumeradas son un reflejo del conocimiento colectivo que ha sido compartido y transmitido a lo largo de los años. Este libro es, en esencia, un tributo a todos los educadores, programadores y miembros de la comunidad que han contribuido a hacer de Python una herramienta accesible y poderosa para todos.

Gracias a todos ellos por su invaluable aportación al aprendizaje y a la creatividad tecnológica.

FIN.